Die 5 Säulen der Achtsamkeitsmeditation

Mehr Lebensfreude - weniger Sorgen. Wie Sie gezielt Stress abbauen, entspannen und im Alltag gelassen bleiben | Inkl. Übungen und Meditationen

Elisa Peters

Inhaltsverzeichnis

Einleitung

"Mit unseren Gedanken machen wir die
Welt." – Buddha

Ausgehend von der reichen Tradition des Buddhismus, geht es bei der Achtsamkeitsmeditation darum, Ihre Gedanken zu nutzen, um im Moment präsent zu sein und die Welt, in der Sie leben möchten, aktiv zu gestalten. Wenn Sie in Ihrem täglichen Leben präsenter sein wollen, ist dieses Buch etwas für Sie. Wenn Sie chronische Krankheiten heilen und bewältigen wollen, dann ist dieses Buch ebenfalls etwas für Sie. Auch wenn Sie einfach besser schlafen oder Ihre Depressionen in den Griff bekommen wollen, dann ist dieses Buch genau das Richtige für Sie. Achtsamkeitsmeditation hat nachweislich außergewöhnliche Auswirkungen auf Ihr Leben, von Ihrer geistigen bis zur körperlichen Gesundheit. Dieses Buch zeigt Ihnen, wie Sie die wunderbare Kraft der Achtsamkeitsmeditation nutzen können, egal ob Sie Buddhist sind oder nicht.

In den folgenden fünf Kapiteln erfahren Sie alles, was es über die Einbindung der Achtsamkeitsmeditation in Ihren Alltag zu wissen gibt. Bevor wir jedoch fortfahren, muss eine wichtige Unterscheidung zwischen Achtsamkeit und Meditation getroffen werden. Oftmals werden Achtsamkeit und Meditation zusammen verwendet, manchmal sogar synonym. Meditation ist der allgemeinere Begriff, der sich auf die Praxis der Feinabstimmung Ihres Geistes durch verschiedene mentale Übungen bezieht. Achtsamkeit ist eine Form der Meditation, bei der man sich darauf konzentriert, im Moment zu sein, im Gegensatz zu anderen Arten von Meditationspraktiken, die zum Beispiel Gesänge oder Mantras verwenden. Für die Zwecke dieses Buches ist es wichtig, diese Unterscheidung zu beachten. Jede Meditationspraxis ist großartig! In diesem Buch geht es jedoch darum, wie wichtig es ist, sich in der Achtsamkeitsmeditation auf den Atem zu konzentrieren.

In Kapitel 1 wird die Achtsamkeitsmeditation ausführlich besprochen. Es wird erläutert, wie die Schlüsselkonzepte der Achtsamkeitsmeditation mit dem Buddhismus zusammenhängen, und es werden die Vorteile der Achtsamkeitsmeditation erklärt sowie Antworten auf häufig gestellte Fragen gegeben. In Kapitel 2 geht es darum, wie man Achtsamkeitsmeditation praktiziert. Ein praktischer Leitfaden darüber, welche Positionen am besten geeignet sind, und andere bewährte Praktiken werden hervorgehoben. Kapitel 3 beschäftigt sich mit weiteren Atem- und Entspannungstechniken, die Sie zur Unterstützung Ihrer Meditationspraxis einsetzen können und um diese zu variieren. Kapitel 4 ist geführten Achtsamkeitsmeditationsübungen gewidmet, die Ihnen zu

Beginn Ihrer Meditationspraxis helfen können. Die enthaltenen Skripte werden Ihnen den Einstieg erleichtern, sodass Sie Ihre Meditationspraxis nicht völlig in Eigenregie beginnen müssen. Kapitel 5 ist ebenfalls den geführten Meditationen gewidmet, aber die Achtsamkeitsmeditations-Skripte in diesem Kapitel konzentrieren sich auf geführte Meditationen, die zur Heilung verschiedener Beschwerden gedacht sind.

Kapitel 1

Verständnis

„In Begriffen von entweder Pessimismus
oder Optimismus zu denken, vereinfacht
die Wahrheit zu sehr. Das Problem besteht
darin, die Realität so zu sehen, wie sie ist."
– Thích Nhất Hạnh

W ie oft wurden wir schon dazu ermutigt,
die Tasse als halb voll statt halb leer zu
betrachten? Oftmals wird uns in der west-
lichen Gesellschaft von klein auf eingebläut, opti-
mistisch zu sein und positiv zu denken. Wenn man
jedoch anfängt, achtsamer zu werden, kann sich der
Übergang zur Achtsamkeit ein wenig holprig anfühlen, da er alles andere als angenehm ist. Stellen Sie
sich Folgendes vor. Anstatt sich nur auf die positiven
Aspekte des Lebens zu konzentrieren, fördert Achtsamkeit eine realistische Sichtweise auf das Leben, die
das Gute und das Schlechte, das Positive, das Negati-

ve und auch das Neutrale einbezieht. Und genau hier setzt unser Buch an, indem wir darin zunächst diese effektive Lebensweise kennenlernen, die seit Jahrhunderten erfolgreich angewendet wird – die Achtsamkeitsmeditation.

Buddhistische Mönche nutzen die Kraft der Achtsamkeit seit über 2.500 Jahren. Achtsamkeit ist der Akt, Ihr Gehirn zur Ruhe kommen zu lassen, während Sie die Gedanken beobachten, die in Ihrem Geist kommen und gehen. Die Achtsamkeitsmeditation unterscheidet sich vom aktiven Denken und der Nutzung Ihres kreativen Verstandes. Wenn Sie achtsam sind, konzentrieren Sie sich auf ein Objekt, eine Szene oder einen ruhigen Klang, und lassen dann Ihre Gedanken sanft in Ihrem Geist vorbeiziehen. Achtsamkeit ist sehr wirkungsvoll, denn wenn Sie immer damit beschäftigt sind, beschäftigt zu sein und immer über Ihren nächsten Schritt nachzudenken, kann Achtsamkeit Ihnen eine dringend benötigte Pause verschaffen und Sie dazu bringen, über Ihre Denk- und Handlungsmuster nachzudenken. Sie bezeichnet das genaue Gegenteil der täglichen Lebenserfahrung der meisten Menschen, denn statt immer weiterzugehen, ermutigt Achtsamkeit Sie dazu, das Tempo zu verlangsamen.

Achtsamkeit erlaubt Ihnen, Ihre Gedanken zu erkennen, anstatt zu versuchen, sie zu ändern. Wenn Sie beim Gedanken an etwas Negatives Achtsamkeit anwenden, werden Sie diese Gedanken nicht bewerten, anstatt urteilend und unfreundlich sich selbst gegen-

über zu sein. Ihre Gedanken sind einfach da. Wenn
Sie achtsam sind, machen Sie sich Notizen über Ihre
Gedanken wie ein Protokollant. Wenn Sie sich in einem achtsamen Zustand befinden, achten Sie einfach
darauf, was Ihre Gedanken tun, geben ihnen gleichzeitig aber die Möglichkeit, sich frei zu entfalten.
Letztlich ist das Ziel der Achtsamkeit, Ihren Geist zu
kennen. Sobald Sie beginnen, Ihren Geist zu kennen,
können Sie den nächsten Schritt tun, nämlich Ihren
Geist trainieren.

Das Schöne an unserem Verstand ist, dass er formbar
und somit auch trainierbar ist. Unser Verstand ist in
der Lage, sich zu verändern, je nachdem, was wir denken. Wenn Sie denken, dass die Welt ein schrecklicher
Ort ist, werden Sie aus Angst heraus agieren und dies
wird man auch anhand Ihrer Handlungen erkennen.
Wenn Sie denken, dass die Welt ein wundervoller Ort
ist, werden Sie aus einem rücksichtslosen Optimismus
heraus agieren, ohne in der Lage zu sein, bestimmte
Gefahren, in die Sie geraten könnten, realistisch ein-
zuschätzen. Achtsamkeit hilft Ihnen, Ihre Gedanken
kennenzulernen und dann damit zu beginnen, diese
so zu trainieren, dass sie besser mit Ihren langfristi-
gen Zielen harmonieren. Achtsamkeit verlangsamt
Ihren hektischen Tagesrhythmus und ermöglicht Ihnen einen anderen Blickwinkel auf Muster in Ihrem
Leben. Diese Muster können Gefühle sein, die von
bestimmten Situationen hervorgerufen wurden, oder
Ihre Reaktionen darauf, wie andere Menschen Sie
behandeln. Wenn Sie achtsam sind, bemerken Sie in

Ihren Gedanken vielleicht Trends und Muster. Wollen Sie immer mehr und mehr? Fühlen Sie sich wohl so, wie die Dinge sind? Welche Muster Sie auch immer bemerken, Achtsamkeit kann Ihnen helfen, herauszufinden, welche Arten von Dingen Ihnen seelischen Kummer, Ärger, Konflikte oder auch Freude bereiten. Nachdem Sie diese Muster erkannt haben, können Sie damit beginnen, die Dinge so zu gestalten, wie Sie sie gerne hätten, indem Sie sich darauf konzentrieren, mit Ihren Gedanken gnädiger, mitfühlender und freundlicher umzugehen.

Wenn Sie mit Ihrer Praxis beginnen, behandeln Sie sie nicht wie einen obligatorischen Punkt auf Ihrer täglichen To-do-Liste. Wenn Sie meditieren, sollten Sie im Moment präsent sein und die Praxis nicht als aggressive Messlatte dessen behandeln, wie schnell Sie sich verändern können, oder sie als eine Form von Eskapismus benutzen, ohne bereit zu sein, Ihre Ideale zu ändern. Das Wichtigste, an das Sie sich erinnern sollten, bevor Sie beginnen, ist, dass Sie Ihren Geist darauf trainieren, in Frieden damit zu leben, wie die Dinge in der Welt laufen, egal, was gerade passiert. Sobald Sie in der Lage sind, in Frieden zu leben, egal in welcher Situation Sie sich befinden, dann können Sie beginnen, an sich selbst zu arbeiten, um Ihre Werte zu ändern. Achtsamkeitsmeditation ist kein Sprint; es ist ein Marathon, an dem Sie kontinuierlich arbeiten, bis Sie schließlich in der Lage sind, sich von unangenehmen Emotionen zu befreien, die an Ihnen haften – sei es Ärger, Aufregung, Negativität, Probleme mit dem Selbstbild, ungerechte, voreilige Urteile oder voreingenommene Meinungen und Vorstellungen.

Wenn Sie Ihren Geist trainieren, um achtsamer zu sein, sind Affirmationen großartige Mittel, die Sie dabei verwenden können. Affirmationen sind sehr hilfreich, besonders wenn Sie sie selbst erstellen. Der Gedanke hinter der Verwendung von Affirmationen ist, dass die Benutzung einer sehr direkten Sprache Ihr Unterbewusstsein beeinflusst, um Ihnen zu helfen, das Ergebnis zu erreichen, das Sie sich wünschen. Wenn Sie Affirmationen verwenden, sollten Sie zuerst herausfinden, welches Ergebnis Sie sich wünschen. Dann bilden Sie einen kurzen Satz mit einem aktiven Wort. Achten Sie dabei darauf, dass der Satz in der Gegenwartsform steht. Wenn Sie sich zum Beispiel ruhiger und weniger ängstlich fühlen wollen, können Sie eine Affirmation erstellen, die Ihnen dabei hilft. Sie konzentrieren sich auf das gewünschte Ergebnis, mehr Ruhe zu erlangen, und machen daraus eine Aussage in der Gegenwartsform. Die Affirmation würde also lauten: „Ich bin ruhiger". Indem Sie die Gegenwartsform verwenden, bekräftigen Sie das zukünftige Ergebnis. Wenn Sie die Affirmation erstellt haben, können Sie sie während Ihrer Meditationspraxis und im Laufe des Tages aufsagen. Wenn Sie diese Praxis des Aussprechens von Affirmationen mit Ihrer Achtsamkeitsmeditation verbinden, helfen Sie Ihnen doppelt so gut, das gewünschte Ergebnis zu erzielen. Sie hören zum Beispiel ständig den Begriff des „positiven Denkens". Das liegt daran, dass positives Denken dabei helfen kann, aus Ihrer Zukunft eine positive zu machen. Wenn Sie jedoch negativ denken, spiegelt die Realität oft Ihre Gedanken wider. Unsere Gedanken beeinflussen unser Unterbewusstsein, das wiederum unsere Realität bestimmen kann.

Achtsamkeitsmeditation hilft Ihnen, Ihre Realität aktiv zu gestalten, indem Sie sich die Zeit nehmen, Ihren Geist zu kennen. Wenn Sie Ihren Geist kennen, können Sie ihn trainieren und ihn schließlich von negativen, lähmenden Gedanken befreien. Jeder Schritt zählt. Bevor Sie mit Ihrer Achtsamkeitsmeditation beginnen, sollten Sie wissen, dass es nicht einfach sein wird. Es ist ein langer Prozess, aber wenn Sie engagiert sind, werden Sie einen Unterschied in Ihrem Leben bewirken.

Der Hintergrund

Für Buddhisten ist das Pflegen der Achtsamkeit der ultimative Weg zur Erleuchtung. Im Buddhismus geht es darum, die höchste Wahrheit zu erreichen, indem man sich darauf konzentriert, die Begrenzungen zu überwinden, die dem eigenen Körper gesetzt sind. Buddhisten praktizieren Achtsamkeit mithilfe der vier grundlegenden Wahrheiten der Achtsamkeit. Diese vier Wahrheiten stammen aus einem buddhistischen Sutta oder Sutra, das eine Art buddhistische Schrift darstellt. Der Name der Sutta lautet „Die Lehrrede von den Grundlagen der Achtsamkeit" oder die *Satipatthana-Sutta*. Bitte denken Sie daran, dass die vier

Grundlagen der Achtsamkeit auf eine sehr lange und reiche Geschichte zurückblicken. Dieses Buch kann unmöglich alles abdecken, was mit ihnen zusammenhängt, sondern hofft vielmehr, als ein allgemeiner Überblick zu dienen, der Ihr Verständnis der Achtsamkeitsmeditation vertiefen kann. Die vier Wahrheiten sind Achtsamkeit auf den Körper, Achtsamkeit auf die Gefühle, Achtsamkeit auf das Bewusstsein und Achtsamkeit auf die Geistesobjekte. Jede Grundlage funktioniert normalerweise Schritt für Schritt in einer fließenden Weise. Sie können in der Meditation zwischen den Wahrheiten hin- und herspringen. Sie wirken alle zusammen. Die erste Station auf der Reise zur Achtsamkeit ist die Achtsamkeit auf den Körper.

Was ist die eine Sache, die Sie typischerweise hören, bevor Sie irgendeine Form der Meditation beginnen? Die Antwort lautet: Achten Sie auf Ihren Atem. Die meisten Meditationspraktiken oder geführten Meditationen leiten Sie an, mit tiefen Ein- und Ausatmungen zu beginnen. Wenn Sie also Achtsamkeit üben, besteht der erste Schritt darin, an die Achtsamkeit auf Ihren Körper zu denken. Beginnen Sie damit, dass Sie achtsam gegenüber Ihrer Atmung sind. Achten Sie darauf, wie tief oder wie flach Ihre Atemzüge sind, wenn Sie Ihre Meditationssitzung beginnen. Es gibt auch verschiedene Formen der Körper-Achtsamkeit, auf die Sie sich konzentrieren können, wie z. B. die Achtsamkeit beim Essen oder die Achtsamkeit, wie Sie gehen. Dies sind einige der einfachsten Formen der Körper-Achtsamkeit, mit denen man beginnen kann, aber wir werden uns hier auf die Achtsamkeit der Atmung konzentrieren, da die Atmung der Schlüssel zur Heilung vieler körperlicher und geistiger Beschwerden ist.

Bei der Achtsamkeit des Körpers geht es nicht nur um die Positionen, die Ihr Körper einnimmt, oder auf welche Weise Sie atmen, essen und gehen. Achtsamkeit auf den Körper beinhaltet auch ein tieferes Verständnis dafür, wie alle Ihre Körperteile zusammenarbeiten. Dazu gehört, zu verstehen, wie Ihr Bein mit Ihrem Oberschenkel verbunden ist oder wie Ihre Ohren funktionieren, und auch die Kraft kennenzulernen, die im ganzen Körper wirkt. Achtsamkeit gegenüber dem Körper bedeutet auch, einige der unangenehmeren Körperfunktionen zu verstehen, wie Urin oder Nasensekrete oder Blut. Das Ziel der Achtsamkeit gegenüber dem Körper ist es, darüber nachzudenken, wie der Körper funktioniert. Sie fragen sich vielleicht, wie kann es mir gelingen, achtsam mit meinem Körper umzugehen, während ich meditiere? Eine einfache einleitende Methode besteht darin, sich vorzustellen, wie Sie jeden Körperteil begrüßen und ihm für seine Arbeit danken. Sie können bei Ihren Füßen beginnen und sich nach oben vorarbeiten, bis Sie den oberen Teil Ihres Körpers erreichen.

Die nächste Grundlage, mit der Sie sich beschäftigen sollten, wenn Sie Achtsamkeitsmeditation praktizieren, ist die Achtsamkeit gegenüber Ihren Gefühlen. Genauer gesagt geht es bei dieser Wahrheit darum, achtsam gegenüber Ihren neutralen, schmerzhaften und angenehmen Gefühlen zu sein. Sie können auch erforschen, wie Sie diesen Gefühlen gegenüber achtsam sein können, indem Sie Ihren Tastsinn, Geruchsinn, Hörsinn, Sehsinn, Geschmackssinn und Ihren Geist benutzen. Im Buddhismus wird Ihr Geist als sechster Sinn betrachtet. Es ist wichtig, achtsam mit diesen Gefühlen umzugehen, denn wenn Sie schmerzhafte Gefühle haben, können diese zu Angst und Hass führen. Zu viele neutrale Gefühle können dazu führen, dass Sie desinteressiert und losgelöst durchs Leben gehen. Wenn Sie neutral gegenüber einer Sache sind, machen Sie sich keine Gedanken darüber und infolgedessen messen Sie ihr keine Bedeutung zu. Und zu guter Letzt müssen Sie auf angenehme Gefühle achten, denn zu viele angenehme Gefühle können zu Lust und Gier führen. Es ist wichtig, nicht wertend zu sein und Ihre Gedanken nur zu beobachten, nicht zu bestätigen, wenn Sie meditieren. Der Grund dafür, dass Sie nichts anerkennen sollten, ist, dass Sie, sobald Sie anfangen, einen Gedanken als neutrales, schmerzhaftes oder angenehmes Gefühl anzuerkennen, Gefahr laufen, sich an Gefühle zu klammern, die Sie daran hindern, zur Erleuchtung zu gelangen. Daher ist es am besten, die Achtsamkeit zu nutzen, um zu beobachten, wann Sie neutrale, angenehme oder schmerzhafte Gefühle empfinden, damit Sie wissen, wie Sie mit diesen Gefühlen angemessen umgehen können. Wenn Sie Achtsamkeit gegenüber Ihren Gefühlen üben, werden Sie trotzdem noch Gefühle erleben.

Achtsamkeit gegenüber Gefühlen bedeutet nicht, dass Sie nicht fühlen. Es bedeutet nur, dass Sie in der Lage sind, die Gefühle zu genießen, ohne dass diese Sie besessen machen oder Sie übermäßig an der Sache hängen, die das Gefühl verursacht, egal ob diese Gefühle gut oder schlecht sind. Wenn Sie z. B. Donuts lieben und sich dabei ertappen, dass Sie von ihrem Geschmack besessen sind, kann dieses angenehme Gefühl, das Donuts Ihnen geben, dazu führen, dass Sie immer mehr Donuts wollen. Der Verzehr von zu vielen Donuts kann zu gesundheitlichen Problemen wie Diabetes oder chronischen Entzündungen führen. All diese Probleme begannen wegen des scheinbar unschuldigen, aber angenehmen Gefühls, Donuts zu mögen. Das andere Extrem wäre, wenn Sie eine bestimmte politische Gesinnung ablehnen und Ihnen das immenses Vergnügen bereiten würde, denn dann kann die Anhaftung an diese Abneigung schnell zu Hass und voreingenommenen Gefühlen führen. Wenn Sie jedoch in der Lage sind, Ihre Gedanken zu kennen und wissen, dass diese politische Neigung Unmut in Ihnen hervorruft, können Sie daran arbeiten, sich bewusst zu machen, dass die politische Neigung ein Trigger für Sie ist, ohne sich zu sehr an dieses Gefühl zu hängen, damit es sich nicht ins Maßlose steigert. Gleichermaßen können Sie, wenn Sie einer Person gegenüber neutral eingestellt sind, so desinteressiert an ihr werden, dass Sie die Tatsache aus den Augen verlieren, dass es sich um einen Menschen handelt und dass dieser Respekt verdient. Wenn diese Person dann etwas braucht, würden Sie sie höchstwahrscheinlich übersehen oder es

hinauszögern, ihr zu helfen. Selbst Gefühle der Neutralität können also gefährlich sein. Sobald Sie zu sehr
an irgendeiner Art von Gefühl hängen, verhindert die
übermäßige Anhänglichkeit an das Gefühl, dass Sie Erleuchtung erreichen.

Die nächste Grundlage der Achtsamkeitsmeditation,
auf der Sie aufbauen wollen, ist die Achtsamkeit gegenüber Ihrem Bewusstsein. Im Buddhismus gibt es
52 Geistesfaktoren. Geistesfaktoren sind grob über-
setzt Emotionen und Geisteszustände. Die Geistesfaktoren werden normalerweise auf eine bestimmte
Weise gruppiert. Die ersten dieser Faktoren sind die
eben genannten Gefühle, die in der Achtsamkeit auf
die Gefühle besprochen wurden, bestehend aus Gefühlen der Freude, der Neutralität und des Unmuts.
Die nächsten 51 Faktoren sind diejenigen, auf die
Sie sich durch die Achtsamkeit auf das Bewusstsein
konzentrieren und die in verschiedenen Gruppen
zusammengefasst sind. Dazu gehören:

- Geschicktheit
  (der Geistesfaktoren)
- Flexibilität
  (der Geistesfaktoren)
- Anstrengung
- Aufrichtigkeit (des
  Bewusstseins)
- Besorgnis

- Wahrnehmung
- Ruhe (des Bewusstseins)
- Mitfreude
- Geschicktheit
  (des Bewusstseins)
- Schamgefühl
  (in Bezug auf sich)

- Gewilltheit	- Stolz
- Liebende Güte	- Rechtes Tun
- Psychische Lebensenergie	- Vertrauen
- Falsche Ansicht (Identifikation)	- Leichtigkeit (des Bewusstseins)
- Zweifel	- Flexibilität (des Bewusstseins)
- Gefühl	- Kontakt
- Rechter Lebenserwerb	- Entscheidung
- Motivation	- Konzentration
- Gedankenausrichtung (Kontaktaufnahme)	- Schläfrigkeit
- Aufmerksamkeit zum Objekt	- Achtsamkeit
- Gier	- Loslassen
- Leichtigkeit (der Geistesfaktoren)	- Neid
- Anpassungsfähigkeit (des Bewusstseins)	- Schamlosigkeit (in Bezug auf sich)
- Rücksichtslosigkeit	- Gefügigkeit (der Geistesfaktoren)
- Rechtes Reden	- Ruhelosigkeit
- Faulheit	- Ruhe (der Geistesfaktoren)

- Gewissenhaftigkeit (in Bezug auf andere)	- Unwissenheit
- Mitgefühl	- Gleichmut
- Geiz	- gedankliches Erfassen (Kontakt halten)
- Weisheit (Fähigkeit)	- Aufrichtigkeit (der Geistesfaktoren)
	- Hass

Dies ist nur ein allgemeiner Überblick über die Geistesfaktoren, aber Sie können sie detaillierter studieren, um ein besseres Verständnis zu erhalten. Um diese Grundlage zu vereinfachen, sollten Sie, wenn Sie Achtsamkeit des Bewusstseins praktizieren, auf die verschiedenen Gefühle achten, die in Ihrem Gehirn ein- und ausgehen. Um ganz einfach mit der Achtsamkeit des Bewusstseins zu meditieren, beobachten Sie während der Meditation alle Gedanken, die Sie haben. Wenn Ihr Geist von der Konzentration auf Ihre Atmung abschweift, können Sie sich selbst zurufen, dass Sie achtsam sind. Wenn Ihr Geist vom Nicht-Meditieren abzudriften beginnt, können Sie sich selbst zurufen, dass Sie nicht achtsam sind. Diese einfache Übung ist der Einsatz von Achtsamkeit für Ihr Bewusstsein. Es ist auch ein großartiger Trick, den Sie in Ihrem Alltag anwenden können, wenn Sie achtsamer sein wollen.

Die letzte Grundlage der Achtsamkeit, auf der Sie aufbauen wollen, ist die Achtsamkeit auf die Geistesobjekte oder die Achtsamkeit auf die Wahrnehmung. Wenn Sie an ein Auto denken, wissen Sie, dass es ein Objekt ist, das vier Räder hat und die Fähigkeit besitzt, Sie hierhin und dorthin zu bringen. Die Vorstellung, die Sie in Ihrem Geist von einem Auto haben, mag realistisch sein und auf einem Auto basieren, das Sie persönlich kennen. Oder sie basiert auf Ihrer Wahrnehmung von einem Auto im Allgemeinen, entsprechend Ihrem Wissen darüber, was ein Auto ist. Wenn Sie Achtsamkeit auf Geistesobjekte üben, versuchen Sie, sich auf die Frage zu konzentrieren, warum Sie ein Objekt auf eine bestimmte Weise wahrnehmen. Wenn Sie Autos als positiv wahrnehmen, könnte diese positive Assoziation auf einer Kindheitserinnerung beruhen, weil Sie als Heranwachsender die wunderbare Erfahrung gemacht haben, dass Ihre Eltern Sie jeden Tag in einem alten, ramponierten, aber komfortablen Auto zur Schule gebracht haben. Wenn Sie eine negative Wahrnehmung von Autos haben, könnte es daran liegen, dass Ihr Freund in einem Autounfall getötet wurde oder dass Sie bei Autos an all die Schäden denken, die sie an der Ozonschicht anrichten. Achtsamkeit auf die Wahrnehmung ermöglicht es Ihnen, sich auf die Erfahrungen zu konzentrieren, die Ihre Wahrnehmung der Dinge prägen, sodass Sie schließlich über diese Wahrnehmungen hinweggehen können, um zur wahren Bedeutung der Dinge zu gelangen und nicht nur in Ihren Vorstellungen dieser Dinge verhaftet zu bleiben.

Wenn Sie Achtsamkeit auf die Wahrnehmung üben, sollten Sie sich der Dinge bewusst werden, die Ihre Wahrnehmung beeinträchtigen könnten. Diese sind auch als die fünf Hindernisse bekannt. Sie sollten sich auch der sieben Faktoren des Erwachens bewusst sein, auf die Sie Ihre Wahrnehmungen gründen wollen. Wenn all diese Faktoren zusammenwirken, hilft Ihnen das, Leid zu beseitigen.

Die sieben Faktoren des Erwachens, auf die Sie sich konzentrieren sollten, wenn Sie Achtsamkeit der Wahrnehmung üben, sind:

- Gleichmut – dieser Faktor kann als die ruhige Beobachtung der Dinge um Sie herum beschrieben werden
- Energie – dies ist die Energie, die Sie antreibt, Untersuchungen anzustellen, um Verständnis über verschiedene Themen im Leben zu erlangen
- Konzentration – die vollständige Fokussierung des Geistes ist das, was dieser Faktor anstrebt
- Erforschung Ihrer Wahrnehmung – dieser Faktor ermutigt Sie, nach Wissen über Geistesobjekte zu suchen, um zu verstehen, wie etwas funktioniert
- Freude – bei diesem Faktor geht es um das ausgewogene, genussvolle Interesse an einer Sache

- Entspannung – Gelassenheit und Ruhe umfassen diesen Faktor
- Achtsamkeit – Bewusstsein des gegenwärtigen Augenblicks beschreibt diesen Faktor

Die fünf zu vermeidenden Hindernisse sind:

- Mattheit und Erstarrung – Sie erledigen Ihre Aufgaben halbherzig, ohne Elan oder mit mangelnder Konzentration
- Sinnliches Verlangen – die Lust nach Vergnügen, das alle Sinne erfüllt
- Böser Wille – Gefühle des Hasses, die auf andere gerichtet sind
- Unruhe und Sorge – Sie sind nicht in der Lage, Ihren Geist zu beruhigen
- Zweifel – ein Mangel an Vertrauen oder Überzeugung

Wenn Sie Ihre Gedanken beobachten, um zu sehen, ob eines der fünf Hindernisse in Ihrem Gedankengang auftaucht, sollten Sie notieren, wann und warum es aufgetreten ist. Sie sollten auch notieren, wie Sie verhindern können, dass das Hindernis wieder auftaucht und wie Sie anschließend das Hindernis durch einen der sieben Faktoren des Erwachens ersetzen können.

Elisa Peters

Während Sie an Ihrer Achtsamkeitsmeditation arbeiten, streben Sie danach, die vier grundlegenden
Wahrheiten in der Reihenfolge Achtsamkeit auf
den Körper, Achtsamkeit auf die Gefühle, Achtsamkeit auf das Bewusstsein und Achtsamkeit auf
die Wahrnehmung zu erlangen. Dies ist die ideale
Vorgehensweise. Sie können jedoch auch über alle
Grundlagen in einer Sitzung meditieren. Wenn Sie
sich also auf mehr als eine Wahrheit zur gleichen
Zeit konzentrieren, ist das auch in Ordnung. Um
wirklich Erleuchtung zu erlangen, müssen Sie einen
Weg finden, sie alle zu meistern.

Schließlich hilft Ihnen die Achtsamkeitsmeditation,
das Bewusstsein für die „drei Merkmale der Erfahrung" zu kultivieren. Gemäß dem Buddhismus sind
Sie, wenn Sie diese drei Merkmale nicht verstehen,
zwangsläufig in einem endlosen Kreislauf des Lei-
dens gefangen. Die drei Merkmale, derer Sie sich
bewusst sein sollten, sind die Eigenschaften der
Unbeständigkeit oder *anitya*, der Unzufriedenheit
oder *duhkha* und der Ichlosigkeit oder *anatma*. Unbeständigkeit bedeutet, dass sich alle konditionier-
ten Dinge verändern werden. Es gibt eine ständige
Veränderung, derer man sich bewusst sein muss.
Die nächste Eigenschaft der Unzufriedenheit bedeutet, dass es in einem unerleuchteten Zustand
Schmerz und Leiden und keine Zufriedenheit gibt.
Anatma bedeutet, dass man danach streben sollte, ohne ein Ego zu handeln. Diese drei sind ein
weiterer Aspekt der buddhistischen Grundlagen,

die hinter der Praxis der Achtsamkeitsmeditation stehen. Es ist gut, sie im Hinterkopf zu behalten, wenn Sie Achtsamkeitsmeditation praktizieren.

Bis zu diesem Punkt ist hoffentlich klar geworden, warum Sie Achtsamkeit praktizieren. Für den Fall, dass Sie immer noch nicht überzeugt sind, lassen Sie es uns noch einmal versuchen. Warum also Achtsamkeit? Es gibt viele verschiedene Meditationspraktiken, zwischen denen Sie wählen können, aber die Achtsamkeitsmeditation ist aus verschiedenen Gründen ein guter Weg, um mit Meditation zu beginnen.

Achtsamkeit ist großartig, weil sie:

- Ihnen hilft, nicht wertend zu sein – eine der wichtigsten Komponenten der Achtsamkeit ist es, nicht wertend gegenüber sich selbst und anderen zu sein. Diese Sanftheit sich selbst gegenüber verbessert Ihr gesamtes Selbstwertgefühl. Es fördert auch das Mitgefühl für sich selbst und für andere.
- einfach und schnell ist – es gibt keine festgelegte Zeit, um sie zu praktizieren. Sie ist supereinfach zu erlernen und relativ schnell zu erledigen. Ihre Sitzungen können so lang wie nötig oder so kurz wie möglich sein. Wenn

Sie einen vollen Terminkalender haben, können Sie fünf Minuten lang
meditieren oder so lange, wie es für
Sie am besten ist.

- sofort Stress reduziert – da die Notwendigkeit der Atmung im Zentrum
der Achtsamkeitsmeditation steht, reduziert diese tiefe Atmung sofort den
Stress, den Sie möglicherweise empfinden, sobald Sie Ihre Achtsamkeitsmeditationssitzung beginnen.
- Ihre Weisheit fördert – die Achtsamkeitsmeditation fördert Ihre Weisheit, weil Sie durch die Praxis in der
Lage sind, herauszufinden, was Sie
antreibt, indem Sie die Macht Ihrer
Gedanken bemerken und verstehen.
Sie sind auch in der Lage, weise im
Umgang mit anderen Menschen zu
sein, weil diese Meditation Ihre Be-
obachtungsfähigkeiten auf solche
Weise verbessert, dass Sie andere auf
eine Art beobachten und ihr Verhalten verstehen können, wie Sie es vor-
her nicht konnten.
- keine festgelegte Vorgehensweise ent-
hält – für manche Menschen mag die
Tatsache, dass es keine festgelegte
Struktur gibt, einschränkend sein, aber

es ist ein Vorteil, weil es dadurch auch keine richtige oder falsche Vorgehensweise gibt.

- entspannt und die Nerven beruhigt – genau wie Sie Ihren Stress sofort reduziert, entspannt und beruhigt die Achtsamkeitsmeditation durch die Kraft der Atmung auch Ihre Nerven.

- es Ihnen ermöglicht, sich selbst im Moment zu beobachten – die Achtsamkeitsmeditation ermöglicht es Ihnen, mit Ihren Gedanken und Handlungen im Einklang zu sein, sodass Sie viel leichter mit Ihrem Inneren in Berührung kommen können als zuvor.

- einfach zu erlernen ist – habe ich schon erwähnt, wie einfach Achtsamkeitsmeditation zu erlernen ist? Sobald Sie eine Sitzung durchgeführt haben, wird Ihnen die Fortsetzung sehr leicht fallen.

- sich dabei nicht auf andere verlassen müssen – die Achtsamkeitsmeditation lässt sich hervorragend allein üben. Sie müssen sich also nie Gedanken darüber machen, ob der Lehrer zum Unterricht erscheint oder nicht. Dieser Meditationsstil ist selbstgesteuert, sodass Sie Ihren Zeitplan nach Ihren Wünschen gestalten können.

Elisa Peters

Die Achtsamkeitsmeditation bietet auch eine Menge erforschter und bewiesener gesundheitlicher Vorteile. Achtsamkeitsmeditation ist eine Hilfe ...

- beim Umgang mit chronischen Schmerzen – Achtsamkeit hilft Ihnen, Ihren Fokus zu stärken, sodass Sie sich auf andere Dinge konzentrieren können, um Ihren Schmerz zu bewältigen.
- beim Abbau von Angst, Stress und Depressionen – wie gesagt, der Atem und seine heilende Kraft machen die Achtsamkeitsmeditation phänomenal bei der Linderung von Stress, Depressionen und Angstzuständen. Menschen, die regelmäßig Achtsamkeitsmeditation praktizieren, haben oft einen niedrigeren Blutdruck und ein stärkeres Immunsystem.
- dabei, besser zu schlafen – die Entspannung, die aus der Achtsamkeitsmeditation resultiert, hilft Ihnen, sich darauf zu konzentrieren, was Ihnen beim Schlafen hilft. Sie ist eine todsichere Einschlafhilfe.
- für ältere Menschen und schwangere Frauen – Achtsamkeitsmeditation hilft älteren Menschen und eigentlich allen Menschen, sich nicht so allein zu fühlen, und sie ist auch ein großartiges Hilfsmittel für schwangere Frauen.

- dabei, Intuition und Kreativität zu verbessern – Achtsamkeitsmeditation ist besonders bei kreativen Menschen beliebt und hilft auch Nicht-Kreativen, Ihre Kreativität zu steigern.

Obwohl es viele buddhistische Hintergründe zur Achtsamkeitsmeditation gibt, müssen Sie kein Buddhist sein, um Achtsamkeitsmeditation zu praktizieren. Dies ist ein weitverbreitetes Missverständnis. Seien Sie nicht beunruhigt. Sie werden noch viele Fragen haben, und dieses Kapitel wird zum Schluss gängige Missverständnisse aufklären, die es über die Achtsamkeitsmeditation gibt.

Häufige Fragen

Ich habe Schwierigkeiten, meinen Geist zu leeren, wenn ich meditiere. Muss mein Geist während der Meditation völlig leer sein?

Nein, es ist nicht notwendig, einen völlig leeren Geist zu haben, bevor Sie mit der Meditation beginnen. Die Achtsamkeitsmeditation hilft Ihnen, Ihre Gedanken klarer zu sehen. Ihre Gedanken sollen in Ihrem Geist dahinrieseln, anstatt vorbeizurasen. Stellen Sie sich Achtsamkeitsmeditation so vor, als ob Sie Ihre Gedanken wie eine Wettervorhersage an sich vorbeiziehen lassen. Sie können sich im Minuten- oder Stundentakt verändern. Ihre Meditationspraxis ermöglicht es Ihnen, mit Ihren Gedanken im Einklang zu sein. Sie ermöglicht es Ihnen, stets nachzuvollziehen, wie sich Ihre Gedanken verändern.

Ich bin nicht gut in Yoga. Werde ich trotzdem Achtsamkeitsmeditation praktizieren können?

Klar doch! Die Achtsamkeitsmeditation ermutigt Menschen dazu, sich in eine bequeme Position zu begeben, bevor sie meditieren. Für manche mag das eine beliebte Yogapose wie der Lotussitz sein, aber das ist keine Voraussetzung. Viele legen sich hin oder sitzen in einer bequemen Position. Was auch immer die bequemste Position für Sie ist, ist diejenige, die Sie einnehmen sollten. Auch wenn die Achtsamkeitsmeditation Sie dazu ermutigt, still zu sein, gibt es viele bewegte Meditationen wie Yoga oder Tai-Chi oder Achtsamkeit beim Gehen, die zur Bewegung während der Meditation anregen, falls Sie Ihre Achtsamkeitsmeditationspraxis weiter ausbauen wollen.

Wird Achtsamkeitsmeditation alle meine Probleme sofort lösen?

Gute Frage. Achtsamkeitsmeditation ist keine schnelle Lösung. Ihre Kraft liegt in der Fähigkeit, Gedankenmuster und Verhaltensweisen aufzuspüren, die für Sie problematisch sein könnten. Wenn Sie bestimmte gesundheitliche Probleme haben, ist Achtsamkeitsmeditation eine großartige Hilfe dabei, sie zu meistern, aber wenn Ihre Symptome weiterhin bestehen, müssen Sie vielleicht einen Arzt aufsuchen, um weitere Behandlungsvorschläge zu erhalten. Achtsamkeitsmeditation wird Ihren Stress, Ihre Ängste oder Depressionen vielleicht nicht vollständig beseitigen, aber sie wird Ihnen helfen, mit der Situation viel besser umzugehen, als Sie es ohne Meditation könnten, besonders ohne den Einsatz von Medikamenten.

Ist Achtsamkeit nur etwas für diejenigen, die eine bestimmte Religion praktizieren?

Nein. Sie können jeder Religion angehören und Achtsamkeitsmeditation praktizieren. Sie entstammt zwar der buddhistischen Tradition, aber nur weil Sie Achtsamkeit praktizieren, sind Sie noch lange kein Buddhist, so wie auch Weintrinken Sie nicht zum Christen macht. Das Großartige an der Achtsamkeitsmeditation ist, dass sie in Ihren Lebensstil passen kann, egal ob Sie religiös sind oder nicht. Wenn Sie daran interessiert sind, Ihrer Praxis mehr buddhistische Elemente hinzuzufügen, können Sie gerne mehr darüber erfahren und es in Ihre Meditationspraxis einbauen.

Hat Achtsamkeit nicht nur mit positivem Denken zu tun?

Achtsamkeitsmeditation ermutigt beim Untersuchen Ihrer Gedanken zu nicht wertendem, positivem Denken, aber sie vermeidet negativen Gedanken nicht. Achtsamkeitsmeditation ermutigt auch dazu, neutrale Gefühle zu untersuchen. Wenn Sie meditieren und negative Gedanken auftauchen, sollten Sie diese Gedanken untersuchen und versuchen, herauszufinden, woher sie kommen und warum Sie so denken. Dies befähigt Sie dazu, mit jeder Situation umzugehen, in die Sie geraten, egal ob diese Situation positiv oder negativ ist.

Wie lange werde ich brauchen, um Achtsamkeitsmeditation zu lernen?

Das Erlernen von Meditation hat keinen festen Zeitplan. Das Erlernen der Achtsamkeitsmeditation kann tatsächlich ziemlich linear verlaufen. An einem Tag machen Sie es vielleicht gut und haben das Gefühl, dass Sie vorankommen, an einem anderen Tag haben Sie vielleicht das Gefühl, dass Sie nicht weiterkommen. An einem Tag werden Sie in der Lage sein, alle Übungen korrekt auszuführen, und am nächsten Tag werden Sie vielleicht Schwierigkeiten haben. Es ist wichtiger, beim Meditieren konsequent zu sein, damit Sie sich wohlfühlen und Ihre Praxis verbessern können, um von den Vorteilen zu profitieren.

Um es noch einmal zusammenzufassen: Dieses Kapitel konzentriert sich auf die Geschichte der Achtsamkeitsmeditation, die von buddhistischen Mönchen in den letzten 2.500 Jahren angewandt wurde. Das Gute ist, dass Sie kein Buddhist sein müssen, um Achtsamkeit zu praktizieren. Sie lässt sich gut mit jedem Lebensstil verbinden. Die Achtsamkeitsmeditation baut auf vier Grundwahrheiten auf: Achtsamkeit auf den Körper, Achtsamkeit auf das Bewusstsein, Achtsamkeit auf die Gefühle und Achtsamkeit auf die Geistesobjekte. Ein wesentlicher Bestandteil der Achtsamkeit ist es, im Moment zu sein. Wie jede Fähigkeit kann sie erlernt und mit mehr Übung verbessert werden. Da wir uns nun im Detail angesehen haben, was Achtsamkeitsmeditation ist, sollten wir jetzt anfangen! Kapitel 2 führt Sie durch die einzelnen Schritte Ihrer ersten Achtsamkeitsmeditationssitzung.

Kapitel 2

Einstieg

„Wenn wir uns zu sehr auf die Hektik der
Welt einlassen, verlieren wir die Verbindung
zueinander – und zu uns selbst."
– Jack Kornfield

Wie oft hat man das Gefühl, dass das Leben an einem vorbeirennt? Wir haben oft nicht die Zeit, innezuhalten und die schönen Dinge des Lebens zu genießen. Wir nehmen uns oft nicht die Zeit, unsere Liebsten wirklich zu umarmen, ohne dabei das Gefühl zu haben, dass wir schon wieder zur nächsten Sache eilen müssen. In dieser Welt des Medienwahnsinns, in der wir heute leben, ist es leicht, den Fokus zu verlieren. Als Ergebnis können wir uns, wenn wir nicht aufpassen, leicht wie ein Zombie durch unser tägliches Leben bewegen, ohne dabei den Alltag vollständig zu erleben. Glücklicherweise werden wir schon nach einigen Minuten des täglichen Praktizierens von Achtsamkeit feststellen, dass wir offener für die vollen Erfahrungen des Lebens werden und unsere täglichen Aktivitäten sich verlangsamen. Und wir können, so wage ich zu behaupten, anfangen, das Leben um seiner selbst willen zu genießen und fruchtbare Beziehungen mit anderen zu pflegen, sodass das Leben wunderbar wird. Ja, Achtsamkeitsmeditation ist ein wirklich mächtiges Mittel, das Ihr Leben verändern kann, aber es macht auch Spaß! Und raten Sie mal, was der spaßige Teil ist?

Der Spaß an der Achtsamkeitsmeditation besteht darin, sie tatsächlich zu praktizieren. Bevor Sie mit der Meditation beginnen, müssen ein paar Grundregeln festgelegt werden. Außerdem sollten Sie auf ein paar Dinge hingewiesen werden. Erstens: Wenn Sie achtsam sind, denken Sie daran, dass Sie in der Gegenwart achtsam sind. Zweitens: Wir werden für unsere Praxis unseren Atem als Zentrum der Achtsamkeit verwenden. Je mehr Sie sich dessen bewusst werden, was um Sie herum geschieht, und in der Lage sind, Ihre Atemzüge zu nutzen, um sich zu zentrieren, desto leichter wird es Ihnen gelingen, Achtsamkeit zu erfahren. Achtsam zu werden kann Ihnen helfen, Ihre voreingenommenen Wahrnehmungen zu durchbrechen, und es mag manchmal ein unangenehmes Gefühl in Ihnen verursachen. Wenn Sie jedoch in der Lage sind, das Unbehagen zu überwinden, können Sie die Achtsamkeit danach voll genießen. Denken Sie auch daran, dass Achtsamkeit Ihre Gedanken nicht bewertet und sich nicht auf irgendwelche Vorurteile konzentriert, die Sie vielleicht haben. Sie registriert einfach Ihre Gedanken, während diese in Ihrem Geist vorbeiziehen, bis Sie in der Lage sind, die Gedanken einfach sein zu lassen. Ihre Gedanken sind weder gut noch schlecht. Sie selbst sind lediglich ein Video, das nichts von dem aufzeichnet, was Sie sehen. Achtsamkeit hilft Ihnen, alles in Echtzeit zu erleben. Je mehr Sie sich darauf konzentrieren, achtsam zu sein, desto mehr wird Ihr Achtsamkeitsmuskel trainiert und desto einfacher wird es, Achtsamkeitsmeditation zu praktizieren.

Das Allererste, was Sie tun sollten, bevor Sie Achtsamkeitsmeditation praktizieren, ist, einen Zeitraum in Ihrem vollen Terminkalender festzulegen, der Ihrer Meditationspraxis gewidmet sein wird. Dies ist sehr wichtig. Wenn Sie diese Zeit festlegen, seien Sie dabei bitte konsequent. Stellen Sie sicher, dass während dieser Zeit keine Person oder Aufgabe Sie ablenken oder unterbrechen kann. Wenn Sie sich einen Wecker stellen müssen, der Sie daran erinnert, tun Sie das. Wenn Sie Ihr Telefon auf „Nicht stören" stellen müssen, tun Sie dies. Es ist wichtig, dass Sie dies ernst nehmen, wenn Sie gut darin werden wollen. Damit Sie Erfolg haben, halten Sie sich an die gewünschte Zeit und lassen Sie sich durch nichts aus der Ruhe bringen.

Wenn Sie die Meditation zum ersten Mal beginnen, ist es normal, dass Sie sich vielleicht ein wenig seltsam dabei fühlen. Um sich schneller an den Prozess zu gewöhnen, sollten Sie daher versuchen, mehr als einmal am Tag zu meditieren. Sie können versuchen, mindestens zweimal am Tag eine Meditationssitzung durchzuführen. Um die Umstellung zu erleichtern, können Sie versuchen, jeden Tag zur gleichen Zeit zu meditieren, aber wenn Sie dazu nicht in der Lage sind, ist das auch in Ordnung. Wenn Sie es an dem Tag, an dem Sie meditieren wollen, nicht schaffen, versuchen Sie zumindest, die verpasste Zeit nachzuholen. Wenn Sie in Ihrem vollgepackten Terminkalender absolut keine Zeit finden, können Sie versuchen, zu meditieren, während Sie einer anderen Tätigkeit nachgehen. Wenn Sie diesen Weg einschlagen müssen, konzentrieren Sie sich während der anderen Tätigkeit auf diese und notieren Sie sich die Gedanken, die Ihnen bei der Meditation durch den Kopf gehen. Sie können zum Beispiel versuchen, beim Kochen zu meditieren. Wenn Sie meditieren, während Sie noch eine andere Tätigkeit ausüben, achten Sie darauf, dass Sie die Tätigkeit ihrer selbst wegen ausüben und nicht zu einem anderen Zweck. Wenn Sie zum Beispiel kochen, dann kochen Sie, weil das Kochen eine Aktivität ist, nicht weil Sie widerwillig für Ihre Familie kochen müssen. Eine andere Situation, in der Menschen gerne meditieren, ist während des Autofahrens, besonders wenn sie einen langen Arbeitsweg haben. Achten Sie nur darauf, nicht zu entspannt zu werden, damit Sie den Fokus hinter dem Lenkrad nicht verlieren!

Eine weitere Möglichkeit, den Einstieg in die Meditationspraxis zu erleichtern, ist, dass Sie zunächst in 5–10-Minuten-Schritten meditieren, mindestens zweimal am Tag, und dann daran arbeiten, Ihre Zeit zu erhöhen. Wenn Sie selbst mit den 5–10 Minuten Schwierigkeiten haben, können Sie damit beginnen, nur 60 Sekunden pro Tag zu meditieren und sich von da an steigern. Wenn Sie die 60 Sekunden als Herausforderung empfinden, reduzieren Sie sie auf 30 Sekunden und bauen Sie Ihre Meditation von diesem Punkt aus auf. Ich kann gar nicht genug betonen, wie wichtig es ist, dass Sie, egal wofür Sie sich entscheiden, sich daran halten. Denn wenn Sie in der Lage sind, mindestens elf Tage hintereinander zu meditieren, ist es wahrscheinlicher, dass Ihre Meditationsgewohnheit bestehen bleibt, als wenn Sie nicht mindestens elf Tage lang meditieren würden.

Eine weitere Überlegung, die Sie anstellen sollten, bevor Sie Ihre Zeit festlegen, ist, zu welcher Tageszeit Sie meditieren möchten. Für manche ist eine Sitzung am frühen Morgen richtungsweisend für den Rest des Tages. Wenn diese Menschen morgens meditieren können, bemerken sie, dass der Rest des Tages reibungslos verläuft. Sie erleben weniger Ängste und Frustration. Sie bleiben den ganzen Tag über ruhig und friedlich. Für andere ist die beste Zeit zum Meditieren nicht am Morgen, sondern am Abend. Sie meditieren nach einem langen Arbeitstag, um sich vom Stress des Tages zu erholen und so besser bereit für den nächsten Tag zu sein. Wenn sie abends meditieren, können sie besser schlafen, weil sie entspannter sind und ihren Stress beiseitegeschoben haben. Andere wiederum bevorzugen die Meditation zur Mittagszeit. Das erlaubt ihnen, sich von der Hektik des Tages zurückzuziehen und bereitet sie darauf vor, den Rest des Tages gestärkt zu meistern. Sie finden auch, dass eine kurze Meditationssitzung am Nachmittag sie wieder belebt und ihnen einen dringend benötigten Energieschub gibt, und das auf eine viel gesündere Art und Weise als durch das Konsumieren von Zucker oder Koffein. Ganz zu schweigen davon, dass sie dann auch keine Abstürze erleben. Ich schlage vor, zunächst jede Zeit auszuprobieren, um zu sehen, welche für Sie besser ist. Wenn Sie Ihre Praxis auf die nächste Stufe heben wollen, verpflichten Sie sich, mindestens zweimal am Tag zu meditieren, um zu sehen, wie das auf Sie wirkt.

Als Nächstes sollten Sie den Ort finden, an dem Sie meditieren werden. Wenn Sie den Platz gefunden haben, passen Sie ihn nach Ihren Wünschen an. Für mehr Komfort beim Meditieren können Sie den Kauf eines Meditationskissens in Betracht ziehen, auf dem Sie sitzen oder liegen können. Wenn Sie Geld sparen wollen, können Sie das verwenden, was Sie im Haus haben, z. B. bequeme Kissen, die Ihnen zur Verfügung stehen. Sie können auch eine bequeme Decke oder einen dicken Teppich verwenden. Sobald Sie Ihren Platz ausgewählt haben, sollten Sie auch sicherstellen, dass er frei von Ablenkungen ist. Wenn ein Computer, ein Fernseher, ein Tablet oder ein Telefon in der Nähe ist, sollten Sie dieses Gerät außer Sichtweite stellen, damit Sie nicht davon abgelenkt werden. Laden Sie auch

Ihr Telefon nicht an Ihrem Meditationsplatz auf. Ich garantiere Ihnen, dass es sonst zu einer großen Ablenkung wird, wenn Sie anfangen zu meditieren. An dem Sprichwort „Aus den Augen, aus dem Sinn" ist definitiv etwas dran! Wenn Sie Ihren Raum auswählen, bedenken Sie seine Lage im Verhältnis zu Ihrem Haus und zur Außenwelt. Der Raum sollte ruhig sein. Es gibt nichts Ablenkenderes, als wenn Sie versuchen, zu meditieren, und Sie dabei von massivem Lärm gestört werden, wie ein vorbeifahrender Krankenwagen oder ein Feuerwehrauto. Manchmal ist es unmöglich, Geräusche vollständig zu eliminieren, aber versuchen Sie, Lärm so weit wie möglich zu reduzieren. Achten Sie in Ihrem Meditationsraum darauf, dass die Raumtemperatur für Sie angenehm ist. Es sollte nicht so heiß sein, sodass Sie sich unwohl fühlen und schwitzen oder Kreislaufprobleme bekommen. Sie wollen auch nicht, dass die Raumtemperatur zu kalt ist und Sie womöglich vor Kälte Ihre Finger und Zehen nicht mehr bewegen können.

Sobald Sie Ihre Zeit ausgewählt und Ihren speziellen Ort nach Ihren Wünschen dekoriert haben, ist es Zeit, zu meditieren. An dem Tag, an dem Sie meditieren wollen, sollten Sie herausfinden, welcher Meditationssitz für Sie der Beste ist. Eine der beliebtesten Posen ist die Lotus-Pose. Es ist eine fortgeschrittene Yoga-Pose und erfordert eine gewisse Flexibilität. Es ist die Pose, in der man am häufigsten Menschen beim Meditieren sieht. Bevor Sie beginnen, sollten Sie sich dehnen. Um in den Lotussitz zu kommen, sollten Sie auf dem Boden sitzen und Ihre Wirbelsäule gerade halten. Lassen Sie Ihre Arme an Ihrer Seite ruhen. Dann beugen Sie Ihr rechtes Knie und bringen es nah an die Brust. Legen Sie dann den rechten Knöchel in die linke Hüftbeuge, sodass die rechte Fußsohle zum Himmel zeigt. Die Oberseite Ihres Fußes sollte in Ihrer Hüftbeuge ruhen. Als Nächstes machen Sie das Gleiche auf der anderen Seite. Beugen Sie das linke Knie und legen Sie den linken Knöchel auf das rechte Schienbein, sodass der linke Knöchel über dem rechten Schienbein liegt. Ihre linke Fußsohle sollte ebenfalls nach oben zeigen und die Oberseite Ihres Knöchels und Fußes sollte in Ihrer rechten Hüftbeuge ruhen.

Sobald Sie sich in dieser Position befinden, bringen Sie Ihre Knie so nah wie möglich an Ihren Körper heran, bleiben Sie dabei jedoch so gerade wie möglich sitzen. Ihre Leiste sollte ebenfalls so flach und nah am Boden sein wie möglich. Legen Sie Ihre Hände mit den Handflächen nach oben auf Ihre Knie. Bilden Sie dann mit Daumen und Zeigefinger einen Kreis und lassen Sie den Rest der Finger gestreckt. Die Lotus-Pose kann für Menschen mit eingeschränkter Flexibilität oder für diejenigen, die gerade erst mit Yoga beginnen, eine Herausforderung darstellen. Das Gute ist jedoch, dass es noch andere Positionen gibt, die Sie ausprobieren können, wenn die Lotus-Pose zu schwierig für Sie ist. Sie können sich mit gebeugten Knien und übereinander gekreuzten Beinen auf den Boden setzen. Sie können auch einfach auf einem

Stuhl sitzen oder sich hinlegen. Das Wichtigste ist, eine Position zu finden, die für Sie bequem ist.

Sobald Sie eine Zeit festgelegt haben, Ihr Raum bereit ist und Ihre Position gewählt ist, ist es Zeit, mit der Meditation zu beginnen. Sobald Sie sich in einer möglichst bequemen Position befinden, versuchen Sie, Ihren Körper zu entspannen. Es kann Ihnen helfen, Ihre Schultern und Arme zu kreisen oder auch mit Ihrem Kopf hin und her zu rollen. Sie können auch die Muskeln in Ihrem Gesicht dehnen, indem Sie erst ganz breit lächeln und dann dieses Lächeln etwas schmaler werden lassen. Wenn Sie lockerer werden, spüren Sie, wie die Verspannungen nachlassen. Als Nächstes sollten Sie darauf achten, dass Ihre Körperhaltung erstklassig ist. Halten Sie Ihren Rücken und Nacken so gerade wie möglich. Versuchen Sie dabei, Ihren Bauch entspannt zu lassen. Um Ihre Haltung noch weiter zu verbessern, können Sie Ihr Kinn leicht nach unten neigen. Wenn Sie die richtige Haltung einnehmen, ermöglicht Ihnen das, so tief wie möglich zu atmen. Nachdem Sie Ihre Haltung überprüft haben, können Sie sich überlegen, was Sie mit Ihren Händen machen, wenn Sie nicht den Lotussitz einnehmen. Ihre Hände können ineinandergelegt in Ihrem Schoß, seitlich von Ihnen auf dem Boden oder auf Ihren Knien mit den Handflächen nach oben ruhen. Als Nächstes müssen Sie entscheiden, was Sie mit Ihren Augen machen wollen. Sie können sie offen halten, sie halb oder ganz schließen. Wenn Sie sich dazu entscheiden, sie geschlossen zu halten, achten Sie darauf, dass Sie nicht einschlafen, wenn Sie meditieren. Wenn Sie befürchten, dass Sie einschlafen könnten, ist es vielleicht am besten, die Augen offen oder zumindest halb offen zu halten.

Konzentrieren Sie sich als Nächstes auf Ihre Atmung. Beobachten Sie zunächst nur Ihren Atem. Denken Sie daran, dass die Atmung der Schlüssel ist, der Ihnen hilft, sich während der gesamten Meditationsübung zu konzentrieren. Während Sie atmen, können Sie bemerken, wie sich Ihr Brustkorb hebt und senkt. Atmen Sie durch die Nase ein und durch den Mund aus. Es ist völlig in Ordnung, nur durch den Mund zu atmen, wenn Sie das müssen. Sobald Sie Ihren Atem beobachtet haben, können Sie beginnen, Ihre Atemzüge zu zählen. Versuchen Sie, bis fünf zu zählen, was fünf abgeschlossenen Atemzyklen des Einatmens und Ausatmens entsprechen würde. Versuchen Sie dann, mit Ihren Atemzyklen bis zehn zu kommen. Das sollte so gehen: Einatmen – eins. Ausatmen – zwei. Einatmen – drei. Ausatmen – vier. Wenn irgendein Gedanke Sie unterbricht, beginnen Sie die Zählung von vorne, bis Sie zehn vollständige Atemzyklen erreichen können. Dies ist eine wunderbare Atemübung, mit der Sie beginnen können. Denken Sie daran, dass Sie gerade erst anfangen, also kann es schwierig sein, Ihre Konzentration aufrechtzuerhalten, und das ist in Ordnung. Seien Sie geduldig, freundlich und sanft zu sich selbst. Wenn Sie die Konzentration verlieren, ist das Wichtigste, dass Sie sich sogleich wieder auf die Atmung konzentrieren. Üben Sie dies so lange, bis Sie in der Lage sind, mit Leichtigkeit bis zehn Atemzyklen zu zählen.

Der nächste Schritt, um Ihre Atmung auf die nächste Stufe zu bringen, besteht darin, Ihre Ein- und Ausatmungen als einen kompletten Atemzyklus zu zählen. Das würde folgendermaßen aussehen: Einatmen – eins. Ausatmen – eins. Einatmen – zwei. Ausatmen – zwei, und so weiter und so fort, bis Sie in der Lage sind, zehn mit Leichtigkeit zu erreichen. Sobald Ihnen das gelingt, können Sie beginnen, sich nur noch auf Ihren Atem zu konzentrieren. Das kann eine Weile dauern, und das ist in Ordnung. Vielleicht fällt es Ihnen auch schwer, sich ganz auf Ihren Atem zu konzentrieren, und das ist auch in Ordnung. Wenn Sie einen Gedanken haben, der Ihre Konzentration auf den Atem unterbricht, beobachten Sie den Gedanken und beginnen Sie dann wieder mit dem Zählen. Je besser Sie in der Lage sind, Ihren Atem zu kontrollieren, desto leichter wird Ihnen die Achtsamkeitsmeditation fallen. Dann können Sie anfangen zu meditieren, während Sie andere Aktivitäten ausführen, bis Achtsamkeit schließlich einfach zu Ihrem Alltag gehört.

Doch was passiert, wenn Sie nicht in der Lage sind, Ihren Geist zu beruhigen? Das ist in Ordnung. Üben Sie weiter, bis Sie besser werden. Was passiert, wenn Sie nicht in der Lage sind, im Lotussitz zu sitzen? Auch das ist in Ordnung. Finden Sie die für Sie bequemste Position und nehmen Sie diese als Ausgangspunkt. Was ist, wenn Sie nicht in der Lage sind, unvoreingenommen mit aufkommenden Gedanken umzugehen? Raten Sie mal. Auch das wird Zeit brauchen. Solange Sie sich bemühen, Ihre Meditationspraxis stetig zu verbessern, machen Sie Fortschritte. Je mehr Sie meditieren, desto einfacher wird es. Dies ist eine lebenslange Verpflichtung, also glauben Sie nicht, dass Sie gleich am Anfang perfekt sein müssen.

Dieses Kapitel hat Ihnen einen breiten Überblick darüber gegeben, wie Sie mit der Achtsamkeitsmeditation beginnen können. Zur Erinnerung: Bevor Sie mit der Achtsamkeitsmeditation beginnen, sollten Sie sich eine feste Zeit für die Meditation einplanen, um Ihre Praxis aufzubauen. Versuchen Sie, anfangs mindestens zweimal täglich fünf Minuten zu meditieren, und zwar mindestens elf Tage lang, damit Sie eine Gewohnheit aufbauen können. Sobald Sie Ihren Zeitpunkt gewählt haben, sollten Sie sicherstellen, dass Ihr spezieller Meditationsplatz auf Sie und Ihre Bedürfnisse zugeschnitten ist und vor allem frei von allen Ablenkungen ist. Es gibt eine Vielzahl von Positionen, die Sie beim Meditieren einnehmen können – achten Sie nur darauf, dass Sie eine wählen, die für Sie am bequemsten ist, sei es der Lotussitz, sei es im Sitzen, Liegen oder Stehen. Wenn Sie zu meditieren beginnen, konzentrieren Sie sich auf Ihre Atmung. Seien Sie unvoreingenommen gegenüber Gedanken, die vielleicht auftauchen. Wenn Sie sich ablenken lassen, richten Sie Ihre Aufmerksamkeit wieder auf Ihre

Elisa Peters

Atmung. Noch wichtiger ist, dass Sie behutsam mit
sich selbst umgehen und sich daran erinnern, dass Sie
umso besser werden, je mehr Sie üben. Das nächste
Kapitel wird sich mit detaillierteren Atem- und Entspannungstechniken befassen, die Ihnen helfen können, Ihre Achtsamkeitsmeditation zu verbessern.

Kapitel 3

Atmung

„Es hat etwas wunderbar Mutiges und
Befreiendes, Ja zu unserem ganzen
unvollkommenen und unordentlichen
Leben zu sagen." – Tara Brach

Seien wir ehrlich. Das Leben ist nicht schön. In der Tat, manchmal kann das Leben geradezu hässlich sein. Rechnungen sind immer fällig, jeden Monat. Beziehungen verlaufen nicht immer wie geplant. Und manchmal mögen wir uns selbst einfach nicht. Es gibt aber auch Zeiten, in denen wir uns fühlen können, als würden wir vor Glück am Himmel schweben. Es gibt Zeiten, in denen wir nichts falsch machen können und es sich so anfühlt, als ob das Leben genau nach Plan verläuft. Das Schöne am Leben ist jedoch, sowohl das Gute als auch das Schlechte und auch des Neutrale willkommen zu heißen. Egal, welche Situationen uns im Leben begegnen, wir können uns auf unseren Atem und unsere Achtsamkeit verlassen, um das Beste daraus zu machen.

Da die Grundlagen der Achtsamkeitsmeditation in Kapitel 2 behandelt wurden, geht es nun um Tipps zur Atmung und Entspannung, die Ihre Achtsamkeitsmeditationspraxis unterstützen können. Nachdem Sie die Grundlagen Ihrer Atmung, die im vorherigen Kapitel behandelt wurden, verinnerlicht haben, werden Ihnen die Übungen in diesem Kapitel helfen, die Atemmethoden, die Sie in Ihrer Meditationssitzung verwenden, zu variieren. Der Zweck dieses Kapitels ist es, Ihnen die verschiedenen Arten von Atem- und Entspannungsmethoden vorzustellen, die Sie zur Verbesserung Ihrer Achtsamkeitsmeditationspraxis einsetzen können. Dieses Kapitel beginnt mit der Erkundung von Atemtechniken, von denen einige in der Yoga-Meditationstradition verwendet werden, und legt dann zum Ende hin den Fokus auf Entspannungstechniken.

Im Yoga bedeutet das Sanskrit-Wort *Pranayama* Atem. Wenn Sie Yoga praktizieren oder Meditation, dann müssen Sie verstehen, dass der Kern beider Aktivitäten die Atmung ist. Stetige, tiefe Atmung zentriert den Übenden sowohl im Yoga als auch in der Achtsamkeitsmeditation. In diesem Kapitel werden sieben Yoga-Atemtechniken untersucht, die Ihnen bei der Atmung in Ihren Achtsamkeitsmeditationssitzungen helfen können. Während Sie sich jede einzelne durchlesen, machen Sie sich Notizen oder merken Sie sich, welche Sie in Ihre Meditationssitzungen einbauen möchten. Je mehr Sie ausprobieren, desto abwechslungsreicher wird Ihre Praxis und desto mehr Spaß macht sie.

Die erste Atemtechnik heißt „Löwenatem". Es ist eine einfache Atemübung, die Spaß macht. Sie erfordert, ziemlich laut zu werden, also warnen Sie die Leute um Sie herum, falls nötig. Zunächst sollten Sie sich in eine bequeme Position begeben. Sie können entweder auf einem Stuhl oder im Lotussitz sitzen oder sich hinlegen. Wenn Sie bequem sitzen, atmen Sie so tief wie möglich durch die Nase ein. Dann heben Sie die Arme mit gespreizten Fingern hoch und atmen laut durch den Mund aus, als ob Sie brüllen würden. Wenn Sie ausatmen, machen Sie ein „Haa"-Geräusch, als ob Sie versuchen, eine Fensterscheibe anzuhauchen, damit sie beschlägt. Sie können auch Ihre Zunge beim Ausatmen herausstrecken. Der Löwenatem ist eine großartige Atemübung, um Spannungen in Mund und Kiefer zu lösen. Sie hilft auch, die Muskeln in Ihrem Hals zu stimulieren.

Die nächste Atemübung, die Sie ausprobieren können, ist sehr beliebt in der Meditation. Sie ist bekannt als „Bienenatem" oder *Bhramari Pranayama*. Für diese Übung müssen Sie sich in eine bequeme Position begeben und Ihre Fingerspitzen auf Ihre Schläfen legen. Als Nächstes atmen Sie tief in den Bauch ein und wenn Sie ausatmen, summen Sie laut wie eine Biene. Machen Sie dies für mindestens drei

Atemzyklen. Diese Übung ist sehr hilfreich, um Ihre Konzentration wiederzuerlangen, wenn Sie diese verloren haben. Und sie macht auch noch Spaß.

Der Name der nächsten Übung lautet „Blasebalg-Atmung". Es ist eine großartige Atemübung, die Sie machen können, wenn Sie einen Energieschub brauchen. Auch bei dieser Atemübung müssen Sie laut sein, also halten Sie sich in einem Raum auf, in dem es in Ordnung ist, laut zu sein. Zu Beginn stellen Sie sicher, dass Sie sich in Ihrem Raum wohlfühlen. Dann heben Sie Ihre Hände zu Fäusten geballt in die Luft. Wenn Ihre Hände in der Luft sind, können Sie Ihre Finger spreizen. Als Nächstes atmen Sie tief durch den Mund ein, und bei jedem Ausatmen bringen Sie die Ellbogen nahe an den Körper und machen einen „Ha"-Laut, der aus Ihrem Bauch kommt. Diese Übung sollte mindestens drei Atemzyklen lang durchgeführt werden, darüber hinaus können Sie sie so oft wiederholen, wie Sie möchten.

Die „Feueratmung" ist die nächste Atemübung. Diese Atemübung ist hervorragend geeignet, um Wärme in den Körper zu bringen und ihn zu entgiften. Wie bei jeder anderen Atemübung sollten Sie sich zunächst in eine bequeme Position begeben. Ihre Arme sollten bequem an Ihren Seiten ruhen. Sobald Sie bereit sind, atmen Sie tief durch die Nase ein. Wenn Sie ausatmen, sollten Sie nicht durch den Mund, sondern durch die Nase ausatmen. Aber anstelle einer normalen Ausatmung pumpen Sie Ihren

Atem in kurzen Stößen durch die Nase aus und ziehen bei jedem Stoß den Bauch ein. Führen Sie die Ausatmung schnell durch und achten Sie beim Wiedereinatmen darauf, dass die Ausatmung in Länge, Tiefe und Kraft der Einatmung entspricht. Eine ähnliche Atemübung wie diese wird „Schädelreinigung" genannt. Sie steigert ebenfalls Ihr Energieniveau. Machen Sie es sich zuerst bequem. Diesmal legen Sie beim Einatmen nicht die Ellbogen an die Seiten, sondern heben beim Ausatmen die Arme nach oben. Ihre Ein- und Ausatmung sollte immer noch in kurzen Stößen erfolgen, und stellen Sie auch hier sicher, dass die Einatmung und die Ausatmung in Zeit, Tiefe und Kraft übereinstimmen.

Die nächste Atemübung ist eine der häufigsten Atemtechniken, die Ujjayi-Atmung. Bevor Sie beginnen, bringen Sie sich in eine bequeme Position. Sie werden dann sowohl durch die Nase einatmen als auch durch die Nase ausatmen. Wenn Sie einatmen, achten Sie jedoch darauf, dass der Atem hinten durch die Kehle strömt, als würden Sie ein Getränk mit einem Strohhalm trinken, sodass ein zischendes Geräusch entsteht. Dehnen Sie sowohl das Ein- als auch das Ausatmen so lange aus, bis beides tief und möglichst gleichmäßig ist. Beginnen Sie die Übung mit einem tiefen Einatmen und lassen Sie jeden Atemzyklus intensiver und tiefer werden.

Kumbhaka ist die nächste Atemübung und ihr Zweck ist es, Ihnen zu helfen, Ihren Atem anzuhalten, damit Sie anschließend tiefer einatmen können. Diese Atemübung konzentriert sich auf den Raum zwischen einem Ein- und Ausatmen. Wenn Sie durch die Nase einatmen und dann auch wieder durch die Nase ausatmen, halten Sie anschließend inne, bevor Sie den nächsten Atemzyklus beginnen. Wenn Sie einatmen, versuchen Sie, dies auf zwei Zählzeiten zu tun, versuchen Sie dann, auch wieder auf zwei Zählzeiten auszuatmen und wenn Sie den Atem anschließend vor dem nächsten Atemzug anhalten, tun Sie auch dies zwei Zählzeiten lang. Nachdem Sie dies einmal gemacht haben, atmen Sie einmal normal ein und aus. Dann beginnen Sie einen neuen Atemzyklus, indem Sie den Atem wieder anhalten. Diese Übung kann mit dem Ujjayi-Atem aus dem vorigen Abschnitt kombiniert werden. *Kumbhaka* ist eine großartige Aufwärmübung, bevor Sie tiefer in eine Achtsamkeitsmeditation einsteigen, weil sie Ihnen hilft, ein tieferes Einatmen zu initiieren.

Jetzt werden wir uns auf Atemübungen konzentrieren, die nicht nur in der Tradition der Yoga-Meditation verwendet werden. Die erste Technik wird wechselnde Nasenlochatmung genannt. Diese Technik ist interessant, weil es immer ein Nasenloch gibt, durch das wir mehr ein- und ausatmen als durch das andere. Dieses Muster ändert sich alle 90 bis 150 Minuten. Unsere Nasenlöcher sind mit entgegengesetzten Gehirnhälften verbunden, unser linkes Nasenloch also mit der rechten Gehirnhälfte und das rechte Nasenloch mit der linken Gehirnhälfte. Diese Technik ist eine großartige Atemübung, aber sie hilft Ihnen auch, mit Qualitäten umzugehen, die mit dem jeweiligen Nasenloch verbunden sind. Da das linke Nasenloch mit der rechten Gehirnhälfte verbunden ist, wird es mit Sensibilität, Synthese, Gelassenheit, Einfühlungsvermögen, rezeptiver und reinigender Energie assoziiert. Das rechte Nasenloch als mit der linken Gehirnhälfte verbundenes wird mit Konzentration, Elan, Willenskraft, Grips, Wachsamkeit, Wärme und nährender Energie assoziiert. Um die Übung durchzuführen, legen Sie Ihren rechten Daumen über das rechte Nasenloch und atmen dann ausschließlich durch das linke Nasenloch ein. Dann nehmen Sie Ihren Ringfinger und legen ihn über das linke Nasenloch, damit Sie durch das rechte Nasenloch ausatmen können. Dann lassen Sie die Finger dort, wo sie sind, um durch Ihr rechtes Nasenloch einzuatmen, wechseln anschließend die Finger und legen den Daumen über das rechte Nasenloch, damit Sie aus dem linken Nasenloch ausatmen können. Wiederholen Sie dann auf jeder Seite. Diese Übung kann knifflig sein, achten Sie also darauf, durch welches Nasenloch Sie ein- und ausatmen, um Verwechslungen zu vermeiden. Diese Übung ist hervorragend geeignet, um Klarheit zu gewinnen und Ihre Disziplin zu schärfen.

Gleichmäßiges Atmen ist eine weitere wichtige, grundlegende Atemübung, die man kennen sollte. Wir haben sie bereits ein wenig behandelt, aber den spezifischen

Namen nicht erwähnt. Bei der gleichmäßigen Atmung machen Sie es sich bequem und atmen dann auf drei Zählzeiten durch die Nase ein und ebenfalls auf mindestens drei Zählzeiten durch die Nase aus. Das Wichtigste bei der gleichmäßigen Atmung ist, bei jedem Ein- und Ausatmen die gleiche Anzahl von Zählzeiten einzuhalten. Sie können bei jeder Atmung länger als bis drei zählen, achten Sie nur darauf, dass Sie auf jeder Seite die gleiche Zählzeit anwenden. Die Bauchatmung oder Zwerchfellatmung ist der Dreh- und Angelpunkt Ihrer Atemübungen. Sie wird auch als Tiefenatmung bezeichnet und bedeutet einfach, dass man tief in den Bauch statt in den Brustkorb einatmet. Wenn sich die Zwerchfellatmung komisch anfühlt, sollten Sie sie üben. Diese Methode hilft Ihnen, tiefer einzuatmen. Sie können auch eine Hand auf die Brust und die andere Hand auf den Bauch legen, um Ihre Atmung zu vertiefen. Auf diese Weise können Sie spüren, wie Ihr Atem ein- und ausströmt. Diese Atemtechnik hilft auch, zu verhindern, dass Sie nur in den Brustkorb atmen. Indem Sie in Ihren Bauch atmen, verbessern Sie auch Ihre Lungen- und Verdauungsfunktionen.

Die nächste großartige Atemübung heißt 4-7-8-Atmung. Diese Übung ist ähnlich der Kumbhaka-Atemübung, die wir zuvor genannt haben. Für die 4-7-8-Atemübung machen Sie es sich bequem. Dann beginnen Sie mit dem Ausatmen durch den Mund und versuchen dabei, ein zischendes Geräusch zu erzeugen. Als Nächstes müssen Sie beginnen, durch den Mund einzuatmen. Schließen Sie den Mund nach

dem vorherigen Ausatmen und zählen Sie beim Einatmen im Geiste mindestens bis vier. Halten Sie anschließend den Atem für sieben Sekunden an. Wenn
Sie anfangs nicht in der Lage sind, sieben Sekunden
lang zu warten, ist das in Ordnung. Halten Sie den
Atem einfach so lange wie möglich an. Dann atmen
Sie wieder aus, aber diesmal machen Sie das zischende
Geräusch, während Sie im Geist bis acht zählen. Sie
können den Atem langsam und gleichmäßig ausströmen lassen, sodass das Ausatmen bis zum Ende der
vollen acht Zählzeiten andauern kann. Die gesamte
Sequenz wird als ein Atemzug betrachtet. Es ist am
besten, mit dieser Übung langsam zu beginnen und
dann die Geschwindigkeit zu erhöhen. Versuchen Sie
zu Beginn, die Zählung 4-7-8 so genau wie möglich
einzuhalten, damit Sie die Atemtechnik richtig erlernen können.

Da wir die Atemübungen besprochen haben, ist es
nun an der Zeit, mit den Entspannungsübungen zu
beginnen. Entspannung ist wichtig, weil sie hilft,
Ihre Angst und Depression zu heilen. Sie verbessert
Ihr Hautbild, Ihren Herzschlag und Ihre Atmung,
was wiederum Ihre gesamte Reaktion auf chronischen Stress verbessert. Ohne richtige Ruhe und
Entspannung wird Ihr Körper zusammenbrechen,
weil Sie keine Möglichkeit haben, sich zu erholen.
Auch wenn Sie die Atemübungen gut beherrschen,
können Ihnen die Gedanken immer noch durch
den Kopf rasen. Indem Sie die Entspannungsmethoden mit Ihren Atemübungen verbinden, wird es

Ihnen gelingen, Ihrer Meditationspraxis eine neue Art der Stille zu verleihen, die Sie bewusster und präsenter im Moment macht.

Die erste Entspannungsübung nennt sich autogene Entspannung. Das Konzept hinter der autogenen Entspannung besagt, dass Sie bereits alles haben, was Ihr Körper zum Entspannen braucht. ('Autogen' bedeutet 'von selbst entstanden' oder 'selbst erzeugt'.) Bei dieser Methode visualisieren Sie, dass Ihr Körper warm und entspannt ist. Die autogene Entspannungsmethode eignet sich hervorragend, um Ihren Herzschlag zu stabilisieren, Ihren gesamten Körper zu entspannen und Ihnen zu einer tiefen Atmung zu verhelfen. Die Methode ist einfach. Zuerst suchen Sie sich einen schönen, bequemen Platz zum Entspannen. Dann visualisieren Sie Schritt für Schritt, dass jeden Teil Ihres Körpers Wärme durchströmt bzw. Ruhe überkommt. Das warme und ruhige Gefühl hilft Ihnen, sich entspannt zu fühlen, als wären Sie in eine kuschelige Decke eingewickelt. Beginnen Sie entweder mit dem oberen Teil Ihres Körpers und arbeiten Sie sich dann nach unten vor oder beginnen Sie umgekehrt mit dem unteren Teil Ihres Körpers und arbeiten Sie sich nach oben.

Wenn Sie zum Beispiel eine autogene Übung machen, bei der Sie von oben nach unten gehen, beginnen Sie damit, dass Sie sich in Ihrem Kopf entspannt fühlen. Sie können sich vorstellen, dass Ihr Kopf von Ruhe und liebevoller Wärme überflutet wird.

Dann stellen Sie sich vor, dass das Wärmegefühl bis in Ihren Stirnbereich vorgedrungen ist. Sie können spüren, wie die Wärme Ihre Stirn kribbeln lässt und all Ihre Anspannung wegschmilzt. Als Nächstes folgen Sie dem warmen Gefühl den ganzen Weg hinunter bis in Ihre Magengegend. Sagen Sie sich selbst immer wieder, dass Ihr Bauch warm ist. Spüren Sie dann, wie die Wärme Ihre Beine, Oberschenkel, Schienbeine und Zehen hinunterwandert und jeden Teil erwärmt, bis Sie an der Unterseite Ihrer Füße ankommen.

Während Sie diese Art von Übung durchführen, können Sie Ihre Aufmerksamkeit auch jederzeit auf Ihre Atmung richten. Achten Sie darauf, wie ruhig und energiespendend Ihre Atemzüge sind. Sie können sich auch auf Ihren Herzschlag konzentrieren und darauf achten, wie gleichmäßig er ist. Es ist auch großartig, zu spüren, wie Ihr Herzschlag Wärme und Entspannung durch den Rest Ihres Körpers sendet, besonders durch Ihre Arme und Beine. Andere Sätze (oder Variationen davon), die Sie zu sich selbst sagen können, während Sie eine autogene Meditation durchführen, sind: „Ich fühle mich entspannt", „Mein Körper fühlt sich ruhig, still und angenehm an" oder sogar „Ich spüre die Wärme, die durch meinen Körper strahlt und mich entspannt und beruhigt." (Dies sind ein paar Sätze, die Ihnen den Einstieg erleichtern können.) Sobald Sie fertig sind, stellen Sie sich vor, wie Sie eine Tätigkeit ausüben, die Sie lieben. Ob das nun das Entspannen am Strand ist oder das Spielen auf dem Spielplatz mit Ihrem inneren Kind. Die abschließende Aktivität kann sich sogar auf eine schöne Erinnerung beziehen, bei der Sie sich geliebt, geborgen oder zuversichtlich gefühlt haben. Der abschließende Gedanke bildet einen angenehmen Übergang vom totalen Entspannungsgefühl der autogenen Übung zurück zu Ihrem Alltag.

Die Visualisierungstechnik ist die nächste Form der mentalen Übung, die Sie zur Entspannung einsetzen können. Diese Übung macht auch Spaß, weil sie erfordert, dass Sie Ihre Vorstellungskraft einsetzen. Erinnern Sie sich daran, wie Sie als Kind immer Ihre Vorstellungskraft benutzt haben? Es scheint so, als ob der Gebrauch der Vorstellungskraft verloren geht, wenn wir älter werden. Durch diese Visualisierungsübung sind Sie jedoch in der Lage, den Teil Ihres Gehirns zu reaktivieren, der für die Vorstellungskraft zuständig ist, und Ihre Vorstellungskraft wie in Ihren Kindheitstagen wieder zu nutzen. Eine Visualisierungsmeditationssitzung ähnelt dem Tagträumen insofern, als dass Sie dabei an Bilder denken, die Sie glücklich machen. Allerdings ist die Visualisierung aktiv daran beteiligt, herauszufinden, wie Sie Ihren Körper entspannen können, denn Sie nutzen Ihre Sinne, um an Bilder zu denken, die Ihnen helfen, sich zu entspannen. Normalerweise werden beim Tagträumen Erinnerungen berücksichtigt, die Ihnen ein gutes Gefühl geben, während Sie bei einer Visualisierungsübung eine negative Erinnerung beobachten, sie annehmen und dann zu dem angenehmeren Gefühl zurückkehren. Eine Visualisierungsübung unterscheidet sich auch von einer geführten Meditation, weil Sie selbst dafür verantwortlich sind, die Erinnerungen zu finden, mit denen Sie sich am wohlsten fühlen. Bei einer geführten Meditation würden Sie sich eher darauf verlassen, dass Ihnen das Gesagte dabei hilft, Bilder zu visualisieren, durch die Sie sich entspannen können. Zu guter Letzt bezieht eine Visualisierungsmeditationsübung all Ihre Sinne mit ein, also Ihren Tastsinn, Geschmackssinn, Sehsinn, Hörsinn und Geruchssinn, um die entspannendsten Momente zu visualisieren, sodass Sie Ihren gesamten Körper im Entspannungszustand erleben können.

Um eine Visualisierungsübung zu beginnen, müssen Sie zunächst eine bequeme Position an Ihrem speziellen Ort finden. Sobald Sie es sich bequem gemacht haben, denken Sie an ein Bild, bei dem Sie sich behaglich und entspannt fühlen. Sie können sich zum Beispiel vorstellen, wie Sie am Strand spazieren gehen. Sie können sich ausmalen, wie der warme Wind durch Ihre Haaren streicht oder sich die Wärme der Sonne über Ihren Körper ausbreitet. Sie können den frischen Duft der Meeresgischt riechen und beim Eintauchen in eine Welle versehentlich die salzige Gischt des Ozeans schmecken. Sie können Möwen hören, die laut krächzend durch die Luft fliegen, während Sie den grobkörnigen Sand zwischen Ihren Zehen spüren. Während Sie visualisieren, vergessen Sie nicht, tief zu atmen. Sie können durch die Nase einatmen und durch den Mund ausatmen. Nachdem Sie ein visuelles Bild beendet haben, können Sie zu einem anderen übergehen. Glauben Sie nicht, dass Sie während Ihrer Meditationssitzung bei einer Visualisierung bleiben müssen. Sie können zwischen den verschiedenen Bildern hin- und herwechseln.

Nachdem Sie zum Beispiel eine friedliche Strandszene visualisiert haben, können Sie zu einem Bild übergehen, bei dem Sie an einem Festtagstisch sitzen, umgeben von Familienmitgliedern und Freunden, die Sie lieben. Die Düfte Ihrer Lieblingsspeisen erfüllen die Luft. Sie riechen Lebensmittel wie frisch gebackenes Brot, deftige Bratkartoffeln, Hühnchen am Spieß und Ihre Lieblingsdesserts. Sie können sogar den Duft Ihrer Lieblingsperson riechen, ob dieser nun ledrig, fruchtig oder eher blumig ist. Welche anderen Düfte können Sie riechen? Nachdem Sie einen Sinn, wie den Geruchssinn, abgearbeitet haben, nehmen Sie sich alle anderen Sinne vor. Wie schmeckt das Essen, wenn Sie es in den Mund nehmen? Explodieren Ihre Geschmacksknospen vor Gaumenfreude? Ist die Luft von der Hitze in der Küche erfüllt? Wie fühlt sich Ihre Kleidung an? Tragen Sie Ihre Lieblingsbluse oder Ihr Lieblingshemd? Tragen Sie Jeans oder eine andere Art von Material? Stellen Sie sich die enge Umarmung durch Ihre Großmutter oder Eltern vor. Und was ist mit den Geräuschen? Wie laut ist das Lachen Ihrer Tante und Ihres Onkels? Stellen Sie sich das sanfte Weinen eines Babys vor, das gerade in die Familie geboren wurde. Wie wäre es, wenn die Feiertags-Play-list Ihre Lieblingslieder spielte? Stellen Sie sich auch den Spitzenbesatz der Feiertagstischdecke vor. Wie sieht die Gesamtszene aus? Wer sitzt neben Ihnen am Tisch? Wenn Sie nicht an einem Tisch sitzen, wie ist die Sitzordnung? Sie können sich so viele Details vorstellen, wie Sie möchten, während Sie die Szene durchgehen, um so während Ihrer Visualisierungssit-zung viele tolle Erinnerungen zu erhalten. Sie können dabei auch so schnell oder so langsam vorgehen, wie Sie es möchten. Entscheiden Sie sich dafür, die Visua-lisierung mit einer sehr glücklichen Erinnerung zu be-enden und spüren Sie, wie entspannt Ihr Körper ist. Dann atmen Sie tief ein und öffnen Sie die Augen, um anschließend Ihrem Tag nachzugehen. Diese Übung ist sehr hilfreich, um sich zu entspannen, und sie ist eine meiner bevorzugten Entspannungsmethoden, die ich anwende. Sie können eine Visualisierungsme-ditation auch mit der Verwendung von Affirmatio-nen verbinden, besonders wenn Sie bereits eine Liste von Affirmationen geschrieben haben. Zum Beispiel können Sie nach jedem Bild, das Sie visualisieren, zu sich selbst sagen: „Ich bin entspannt"; „Ich bin ruhig" oder „Ich bin glücklich". Sie können Ihre Affirmatio-nen auch verwenden, um ein Ergebnis zu visualisieren, das Sie gerne hätten. Wenn Sie versuchen, ein Ziel zu erreichen, können Sie visualisieren, wie das Erreichen dieses Ziels aussehen könnte. Verwenden Sie alle Ihre Sinne, um sich die Szene vorzustellen, und verwenden Sie danach auch Ihre Affirmationen.

Wenn Sie zum Beispiel das Ziel haben, eine Beförderung zu erhalten, können Sie eine Visualisierungssitzung durchführen, in der Sie die Beförderung erhalten. Stellen Sie sich vor, wie das Büro Ihres Chefs aussehen wird, wenn Sie die Beförderung erhalten. Wie riecht das Büro? Wie werden Sie riechen? Werden Sie Ihren Lieblingsduft tragen? Was werden Sie an diesem Tag zum Frühstück essen? Werden Ihre Handflächen schwitzig sein? Wie wird Ihre Feier aussehen? Wie werden sich Ihre Freunde, Familie und Kollegen verhalten? Sagen Sie nach jedem Bild eine Affirmation auf, z. B.: „Ich arbeite hart und bin einer Beförderung würdig. Ich kann alles erreichen, was ich mir vornehme", um nur eine zu nennen. Denken Sie daran: Je detaillierter Sie sind, desto hilfreicher ist die Sitzung. Dies ist ein mächtiges Mittel, das Ihnen bei der Meditation zur Verfügung steht.

Die letzte Entspannungstechnik, die in diesem Kapitel untersucht wird, heißt progressive Entspannung. Progressive Entspannung ist auch als Body-Scan-Meditation bekannt. Die Technik, die hinter der progressiven Entspannung steht, kann auch Ihre Angstzustände lindern. Diese Entspannungsmethode ist sehr wirkungsvoll, denn wenn Ihr Körper entspannt ist, können Sie nicht ängstlich sein. Wenn Sie eine Panikattacke erleben oder sich ängstlich fühlen, sollte am Ende einer progressiven Entspannungssitzung Ihre Angst verschwunden und Ihr Körper völlig entspannt sein. Wenn Sie unter chronischen Ängsten leiden, hilft Ihnen diese Technik, die Ängste ohne oder unabhängig von der Einnahme von Medikamenten zu lindern. Diese Methode ist auch sehr gut geeignet, um chronische Schmerzen zu lindern, weil sie Ihnen hilft, sich zu entspannen und den Fokus vom Schmerz abzulenken. Die progressive Entspannung beinhaltet einen einfachen zweistufigen Prozess. Zuerst spannen Sie die Muskelgruppe an, an der Sie gerade arbeiten, und dann lassen Sie die Spannung los, indem Sie die Muskeln aktiv entspannen. Sie nehmen dann wahr, wie sich der entspannte Zustand anfühlt, was Ihnen hilft, sich leichter zu entspannen, je öfter Sie diese Methode anwenden. Sie können entweder unten am Körper beginnen und sich dann nach oben vorarbeiten oder oben am Körper beginnen und sich nach unten vorarbeiten. Bevor Sie beginnen, vergewissern Sie sich, dass Sie sich in einer bequemen Position befinden und auf dem Rücken liegen. Dann können Sie beginnen.

Progressive Entspannung:

- Atmen Sie bei der ersten Muskelgruppe bzw. dem ersten Körperteil ein und spannen Sie die erste Muskelgruppe (fest anspannen, aber nicht bis zum Schmerz oder zur Verkrampfung) für etwa vier bis zehn Sekunden an. Achten Sie darauf, dass Sie nicht zu stark anspannen und Schmerzen verursachen, was den Zweck der Übung verfehlen würde.

- Atmen Sie dann aus und entspannen Sie die Muskelgruppe so schnell wie möglich vollständig (entspannen Sie sie nicht langsam).
- Halten Sie die Muskelgruppe oder das Körperteil etwa zehn bis 20 Sekunden lang in diesem entspannten Zustand, bevor Sie sich die nächste Muskelgruppe vornehmen.
- Achten Sie auf den Unterschied dazwischen, wie sich die Muskeln anfühlen, wenn sie angespannt sind, und wie sie sich anfühlen, wenn sie entspannt sind. Es ist hilfreich, den entspannten Zustand zu kennen, damit Ihr Muskelgedächtnis eingreifen kann, wenn Sie sich einmal entspannen müssen, ohne diesen Body Scan durchführen zu können.
- Wenn Sie mit allen Muskelgruppen fertig sind, zählen Sie rückwärts von fünf bis eins, um Ihren Fokus zurück in die Gegenwart zu bringen.

Das Großartige an dieser Technik ist, dass Sie nicht angespannt sein müssen, um sie zu üben. Es ist am besten, sie zu üben, wenn Sie ruhig sind, damit Sie, wenn Sie ängstlich sind, in der Lage sind, die Schritte durchzugehen, ohne sich irritieren zu lassen, da Sie sie bereits geübt haben. Die Körper-Landkarte, der Sie folgen können, wenn Sie den Body Scan durchführen, kann wie folgt aussehen: Sie können auf einer Seite beginnen und diese Seite komplett abarbeiten und dann zur anderen Seite Ihres Körpers übergehen. Sie können auch beide Seiten Ihres Körpers wechselseitig scannen. Dieser Beispiel-Body-Scan geht erst auf der einen Seite Ihres Körpers von unten nach oben und verfährt anschließend auf der anderen Seite genauso.

Progressive Entspannung im Einzelnen:

- Füße – wackeln Sie mit den Zehen und strecken Sie sie in Ihre Richtung. Krallen Sie dann die Zehen ein. Wenn Sie dabei eine Spannung von der Taille abwärts spüren, entspannen Sie Ihren Körper.
- Unterer Fuß und Bein – spannen Sie die Wadenmuskulatur an, indem Sie den Fuß zu sich heranziehen.
- Oberschenkel – pressen Sie sie fest zusammen und lassen Sie dann wieder los.
- Ganzes Bein – pressen Sie erneut die Oberschenkel zusammen und achten Sie auf eine eventuell auftretende Spannung. Lösen Sie die Spannung.

- Gesäßmuskeln – Spannen Sie den Po an und lassen Sie dann wieder los.
- Hüften – lassen Sie Ihre Hüften kreisen und sie dann wieder zu ihrer Ausgangsposition zurückkehren.
- Bauch – ziehen Sie den Bauch ein und entspannen Sie ihn dann wieder.
- Rücken – drücken Sie Ihren Rücken durch, sodass er sich von Ihrer Liegefläche abhebt, und lassen Sie ihn dann wieder auf den Boden sinken.
- Brustkorb – atmen Sie fünf bis 15 Sekunden lang sehr tief ein.
- Hand – schließen Sie Ihre Hände so fest wie möglich zu Fäusten und lassen Sie dann wieder locker.
- Oberarme und Bizeps – ballen Sie Ihre Hände erneut zu Fäusten, winkeln Sie dann Ihren Arm zu 90 Grad an und spannen Sie Ihren Bizeps an.
- Unterarme und Handgelenke – strecken Sie Ihre Arme aus und winkeln Sie Ihre Hände ab, sodass Ihre Handflächen von Ihnen wegzeigen und Ihre Finger nach oben zur Schulter ziehen.
- Schultern – führen Sie ein Schulterzucken durch. Versuchen Sie dabei, die Schultern so hoch wie möglich zu ziehen – am besten bis zu den Ohren –, und lassen Sie dann wieder los.

- Vorderseite des Halses – bewegen Sie Ihr Kinn nach unten und versuchen Sie, dabei keine Verspannungen im Kopf und Nacken zu verursachen.
- Nacken – drücken Sie den Kopf so weit wie möglich nach unten in den Boden.
- Ihr Mund und der Bereich um Ihren Mund – schließen Sie Ihre Lippen so fest wie möglich.
- Kiefer und Wangen – lächeln Sie das breiteste Lächeln, zu dem Sie imstande sind.
- Um den Nasenrücken und die Augen – rümpfen Sie die Nase und schließen Sie dann die Augen so fest wie möglich.
- Stirn – runzeln Sie Ihre Stirn so tief wie möglich und legen Sie dabei die Stirn in Falten.

Sobald Sie auf einer Seite oben angekommen sind und es bis zur Stirn geschafft haben, können Sie auf der anderen Seite wieder nach unten gehen. Wenn Sie die Anspannung am ganzen Körper gut geübt haben, können Sie die Übung verkürzen, indem Sie zu einer kürzeren Version übergehen, die sich auf die wichtigsten Körperteile konzentriert. Sie können auch auswählen, welche Körperteile Sie scannen möchten, um Ihren eigenen individuellen, progressiven Scan zu erstellen.

Beispiel eines verkürzten Körperscans:

- Untere Gliedmaßen (Beine und Füße) – ziehen Sie die Zehen heran, spannen Sie die Waden an und pressen Sie die Oberschenkel gegeneinander.
- Bauch und Brustkorb – atmen Sie so tief wie möglich ein und aus und spüren Sie, wie Ihr Bauch so flach wie möglich wird.
- Schultern, Arme, Nacken – heben Sie die Schultern so weit wie möglich an und lassen Sie sie dann wieder los. Sie können Ihren Bizeps anspannen und dann die Handgelenke so weit wie möglich nach hinten flexen. Achten Sie darauf, dass Sie dies auf beiden Seiten Ihres Körpers tun.
- Gesicht – legen Sie Ihre Stirn und den Bereich um Ihre Nase in Falten. Lächeln Sie so breit wie möglich und runzeln Sie die Stirn, um Ihr gesamtes Gesicht mit einzubeziehen.

Nachdem Sie ein Profi darin geworden sind, zu wissen, wie sich Ihr Körper anfühlt, wenn er entspannt

Elisa Peters

ist, können Sie sich anschließend nur auf den entspannten bzw. gelösten Teil konzentrieren. Diese
Entspannung können Sie in der ausführlichen Ganz-
körper-Version oder in der verkürzten Form durchführen. Nur entspannt zu sein, kann sich anfänglich
anders anfühlen, da es weniger intensiv ist als die volle Anspannungs- und Entspannungsübung, aber je
mehr Sie üben, desto wohler werden Sie sich mit der
vollen Übung fühlen.

Sie haben beim Durchlesen dieses Kapitels gute Arbeit
geleistet! Hoffentlich haben Sie sich viele Notizen gemacht und die Übungen markiert, die Sie ausprobieren
möchten. In diesem Kapitel wurden alle Möglichkeiten
aufgezeigt, wie Sie Atem- und Entspannungsübungen
als Ergänzung zu Ihrer Achtsamkeitsmeditationspraxis einsetzen können. Einige der Atemübungen sind
im Yoga sehr beliebt, wie der Löwenatem, *Kumbhaka,*
Ujjayi und der Bienenatem, die Feueratmung und die
Blasebalg-Atmung, um nur einige zu nennen. Einige
Atemübungen bezeichnen andere populäre Techni-
ken, wie die gleichmäßige Atmung, die 4-7-8-Atmung
und die wechselnde Nasenlochatmung. Beliebte Entspannungsmethoden, die in diesem Kapitel behandelt
wurden, sind die autogene Entspannung, die progressive Entspannung und Visualisierungstechniken. Die
nächsten beiden Kapitel befassen sich mit spezifischen
Achtsamkeitsmeditations-Skripten, die Sie für den Einstieg in Ihre Achtsamkeitsmeditationen und zum Variieren Ihrer Meditationspraxis nutzen können.

Kapitel 4

Übung

„Ein in alten Mustern verhafteter Geist ist
ein verschwendeter Geist." – Eric Schmidt

Wann war das letzte Mal, dass Sie versucht haben, etwas Neues zu lernen? Vielleicht mussten Sie ein neues Rezept ausprobieren oder einen neuen Weg zur Arbeit einschlagen? Vielleicht mussten Sie eine brandneue Form der Kommunikation ausprobieren, die sich drastisch von dem unterschied, was Sie bisher kannten. Was auch immer Sie lernen mussten, ich bin sicher, dass es nicht das Einfachste war. Aber als Sie es endlich gelernt hatten, wie großartig war dann das Gefühl, zu wissen, dass Sie etwas erreicht haben? Wenn Sie mit dem Meditieren anfangen, mag der Weg anfangs ein wenig steinig sein, aber geben Sie nicht auf! Sie werden lernen, wie Sie besser werden können. Und dann beginnt die eigentliche Erfahrung.

Es ist also an der Zeit, den Spaßfaktor zu erhöhen. In den nächsten beiden Kapiteln finden Sie angeleitete Achtsamkeitsmeditationsübungen, die Sie selbstständig praktizieren können. Bevor Sie beginnen, vergessen Sie nicht, sich es an Ihrem Meditationsplatz so bequem wie möglich zu machen. Sie können sich hinlegen, sich in die Lotussitzposition begeben, sitzen oder stehen. Wenn Sie sitzen, versuchen Sie, Ihren Rücken so gerade wie möglich zu halten. Wenn Sie liegen, lassen Sie Ihre Arme und Hände locker neben sich ruhen, ohne zu verkrampfen. Es ist Ihnen freigestellt, ob Sie das Licht an- oder ausschalten möchten. Sie können auch entscheiden, ob Sie Ihre Augen offen, geschlossen oder halb geöffnet halten wollen. Zu meditieren, kann sehr entspannend sein, achten Sie also darauf, dass Sie mit geschlossenen Augen nicht einschlafen! Vergessen Sie nicht, dass die Atmung der Kern Ihrer Übungen ist. Denken Sie also beim Zuhören daran, ein- und auszuatmen. Wenn Sie an irgendeinem Punkt das Gefühl haben, dass Ihre Konzentration zu schwanken beginnt, lenken Sie Ihre Aufmerksamkeit schnell und entschlossen zurück auf Ihren Atem und auf das Meditationsskript.

Grundlegende Achtsamkeitsmeditation (kurz)

Bevor Sie beginnen, bringen Sie sich in die für Sie bequemste Position. Sie können das Licht dimmen oder es anlassen. Sie können Ihre Augen öffnen oder schließen, wie es Ihnen am angenehmsten ist. Wenn Sie beginnen, versuchen Sie, in einen ruhigen Zustand zu gleiten, indem Sie Ihre Gedanken davonziehen lassen. Atmen Sie dreimal ein und dann dreimal aus. Stellen Sie sich vor, dass Ihr Körper die Lebenskraft des Sauerstoffs empfängt, der jeden Teil Ihres Körpers, den Ihr Atem berührt, mit Energie erfüllt.

Wenn Ihre Gedanken vorbeirasen, versuchen Sie, sie zu verlangsamen, und beobachten Sie sie einfach, während sie an Ihnen vorbeiziehen. Stellen Sie sich vor, dass Sie jeden dieser Gedanken anschließend in eine Schachtel legen. Atmen Sie tief in Ihren Bauch ein und durch den Mund aus. Spüren Sie, wie der Atem Ihre Kehle kitzelt, wenn die Spannung ausgeatmet wird.

Was auch immer Sie aufregt oder Sie glücklich macht, lassen Sie diese Gedanken frei von jeder Wertung, das Sie vornehmen könnten. Beobachten Sie sie, wie sie sind, ohne zu versuchen, Ihre Probleme zu beheben, nach Lösungen zu suchen oder sich zu wünschen, dass die Probleme verschwinden. Beobachten Sie, wie die Gedanken in Ihrem Geist vorbeigleiten, bis sie verschwunden sind. Bringen Sie Ihre Aufmerksamkeit zurück zu Ihrem Atem. Atmen Sie tief ein und atmen Sie dann durch den Mund aus.

Seien Sie sich dessen, was Ihr Geist denkt, bewusst, aber versuchen Sie, sich nicht so sehr auf diese Gedanken zu konzentrieren, dass Sie nicht tief atmen. Denken Sie daran, tief aus dem Bauch einzuatmen. Verlängern Sie Ihre flache Atmung durch tiefere

Atemzüge. Achten Sie auf die Ruhe, die die tiefe Atmung in Ihren Körper bringt. Zählen Sie beim Einatmen durch die Nase bis fünf, eins, zwei, drei, vier, fünf, und atmen Sie auch auf fünf Zählzeiten durch den Mund wieder aus, eins, zwei, drei, vier, fünf. Spüren Sie, wie der Atem durch Ihren Körper strömt, während Sie wieder einatmen. Dann lassen Sie den Atem wieder ausströmen.

Wenn Sie dieses Mal durch die Nase einatmen, nehmen Sie so viel Luft auf, wie möglich. Spüren Sie, wie der Atem Sie antreibt, und seien Sie einfach. Seien Sie still. Seien Sie in diesem Moment. Heißen Sie jegliche körperliche Empfindungen willkommen. Wenn Sie auf einem flauschigen Teppich sitzen, fühlen Sie den Teppich. Spüren Sie, wie der Stoff Ihrer Kleidung an Ihrer Haut reibt. Spüren Sie, wie sich die Haare auf Ihren Unterarmen aufstellen.

Atmen Sie ein und spüren Sie, wie sich Ihr Brustkorb sanft nach oben bewegt. Dann atmen Sie aus und spüren, wie sich Ihr Brustkorb nach unten bewegt. Atmen Sie aus, bis Sie das Gefühl haben, dass Ihr Rücken den Boden berührt. Spüren Sie die Kraft, die die tiefe Atmung auf Ihren gesamten Körper ausübt.

Atmen Sie ein und atmen Sie durch den Mund aus. Hören Sie auf das leise Rauschen, wenn der Atem Ihren Körper verlässt. Bleiben Sie ruhig und entspannt. Wenn Sie die Konzentration verlieren, machen Sie sich keine Vorwürfe. Seien Sie sanft und freundlich zu sich selbst. Konzentrieren Sie sich wieder auf Ihre Atmung. Atmen Sie. Halten Sie den Atem für fünf Sekunden an. Atmen Sie fünf Sekunden lang aus. Und halten Sie den Atem dann drei Sekunden lang an. Wenn Sie einatmen, spüren Sie, wie sich Ihr ganzer Körper durch die Kraft des eingeatmeten Atems entspannt.

Wackeln Sie mit Ihren Fingern, Ihren Zehen, rümpfen Sie Ihre Nase und bewegen Sie Ihre Augen. Spüren Sie, wie sich die Haut erst faltet und dann wieder glättet, wenn Sie Ihren Körper in die Ruheposition zurückbringen. Atmen Sie tief ein und seien Sie im Moment. Atmen Sie tief aus und seien Sie im Moment.

Spüren Sie die Präsenz Ihres Seins. Belohnen Sie sich dafür, dass Sie sich die Zeit nehmen, achtsam zu sein. Seien Sie dankbar, dass Sie die Chance haben, still zu sein und genau diesen Moment wahrzunehmen, nicht die Vergangenheit, nicht die Zukunft, nicht eine Minute von jetzt an, nur den gegenwärtigen Moment. Atmen Sie sanft ein und aus. Haben Sie nicht das Gefühl, dass Sie noch etwas anderes zu tun haben oder dass Sie diesen Moment überstürzen müssen. Nein. Geben Sie sich der Gegenwart von sich selbst und dem Universum hin. Sie sind ein wunderbares Wesen, das in der Lage ist, diesen Moment durch Ihren Atem voll auszukosten.

Ihr Ein- und Ausatmen verankert Sie in der Gegenwart und gibt Ihnen die Anerkennung dafür, dass Sie in der Lage sind, still zu sein. Atmen Sie diesmal für mindestens zehn Sekunden ein. Lassen Sie dann los und atmen Sie für weitere fünf Sekunden aus. Wenn Sie es nicht schaffen, mindestens zehn Sekunden lang einzuatmen, ist das in Ordnung. Atmen Sie so lange ein, wie Sie können. Atmen Sie aus.

Richten Sie Ihren Fokus wieder auf den Moment und bereiten Sie sich darauf vor, sich wieder auf Ihren kritischen Verstand einzulassen. Bereiten Sie sich darauf vor, die gegenwärtige Zeit und jede Sekunde, die sie bringt, willkommen zu heißen, egal ob im Guten oder Schlechten. Öffnen Sie Ihre Augen und begrüßen Sie das Licht. Versuchen Sie, diesen Zustand der Achtsamkeit beizubehalten, während Sie durch den Tag gehen.

Grundlegende Achtsamkeitsmeditation (lang)

Suchen Sie sich die bequemste Position für Ihren Körper, um Ruhe zu finden, sei es im Liegen, im Stehen oder im Sitzen. Wenn Sie enge Kleidung tragen, lockern Sie diese, damit sich Ihr Körper frei und ungehindert fühlen kann. Sie können das Licht in Ihrem Zimmer ausschalten oder Ihre Augen schließen. Wenn Sie Gefahr laufen, einzuschlafen, halten Sie die Augen halb geschlossen.

Atmen Sie ein und wieder aus. Legen Sie jedes Urteil
ab, das Sie über die vorbeiziehenden Gedanken fäl-
len könnten. Anstatt Ihre Gedanken als Verbrecher
zu betrachten, die vor Ihnen, dem Richter, stehen
müssen, sprechen Sie keine Strafe für sie aus. Lassen Sie sie einfach vorbeiziehen wie ein paar kleine
Kinder auf Rollschuhen. Atmen Sie ein und benutzen Sie Ihre tiefen Atemzüge, um diese Gedanken
immer weiter zu verlangsamen. Je mehr Luft Sie einatmen, desto langsamer werden Ihre Atemzüge.

Atmen Sie die gesamte Spannung aus Ihrem Körper
aus, indem Sie bis vier zählen: eins, zwei, drei und
vier. Halten Sie dann den Atem für sieben Sekunden an. Eins, zwei, drei, vier, fünf, sechs und sieben.
Dann atmen Sie auf acht ein: Eins, zwei, drei, vier,
fünf, sechs, sieben und acht. Wunderbar.

Atmen Sie tief ein, bis Sie spüren, dass sich Ihr Herzschlag verlangsamt. Atmen Sie tief aus, bis Sie Ihren
Herzschlag in einem gleichmäßigen Tempo spüren.
Nehmen Sie die Gedanken wahr, die Sie fühlen. Und
lassen Sie sie sein. Seien auch Sie einfach nur. Lassen
Sie einfach zu, dass Ihre Atmung Ihren Körper mit
diesem gegenwärtigen Moment verbindet. Denken
Sie nicht an morgen. Denken Sie nicht daran, was
Sie nach dieser Aufnahme tun werden. Denken Sie
nicht daran, was Sie vor dieser Aufnahme getan haben. Konzentrieren Sie sich nur auf Ihre Atmung
und das Stillsein.

Wenn es Ihnen leichter fällt, atmen Sie aus und öffnen Sie den Mund weit. Atmen Sie alle Ihre Erwartungen und Punkte auf Ihrer To-do-Liste aus. Atmen Sie alle Ängste und Unannehmlichkeiten aus, die Sie vielleicht empfinden. Wenn Sie einatmen, spüren Sie die Freude, einfach nur zu sein. Spüren Sie, wie die Gelassenheit Ihren Körper einnimmt. Atmen Sie das Bewusstsein darüber ein, wie wichtig es ist, still sein zu können und zu wissen, dass alles gut werden wird. Spüren Sie jedes Kribbeln und jede Empfindung, die Ihnen widerfährt. Wenn Sie ein Taubheitsgefühl oder irgendein Unbehagen verspüren, bewegen Sie Ihren Körper leicht, bis Sie sich wieder wohlfühlen.

Dann schließen Sie die Augen, und wenn Sie das Flattern Ihrer geschlossenen Lider spüren, seien Sie dankbar dafür. Wissen Sie, dass Ihr Körper in diesem Moment einfach schwebt. Anstatt zu versuchen, Ihren Körper mit schweren Gedanken zu verankern, lassen Sie ihn einfach sein. Sie und Ihr Körper sind perfekt, so wie sie sind. Belohnen Sie sich für Ihre Achtsamkeit, indem Sie in tiefen Zügen einatmen. Lassen Sie dann all die schweren Lasten, die Sie bedrücken, durch Ihren Atem heraus. Atmen Sie wieder ein.

Stellen Sie sich vor, dass die Entspannung Ihren gesamten Körper wie ein fliegender Teppich umhüllt. Ihr tiefes Einatmen treibt den Teppich an, und Ihr tiefes Ausatmen hält ihn in der Schwebe. Wenn Sie feststellen, dass Ihre Gedanken abschweifen, bringen Sie Ihren Fokus zurück, indem Sie sich auf Ihren Atem konzentrieren. Urteilen Sie nicht über sich selbst, wenn Sie anfangs Schwierigkeiten haben, sich zu konzentrieren. Loben Sie sich dafür, dass Sie es versuchen. Denken Sie daran, dass Sie mit der Zeit immer besser werden. Bringen Sie die Aufmerksamkeit immer wieder zu Ihrem Atem zurück.

Spüren Sie das sanfte „Zischen" des Atems, der Ihre Nasenlöcher verlässt und Ihre Nasenhaare kitzelt. Heißen Sie den Atem wieder in Ihrem Körper willkommen, indem Sie tief in die Bauchdecke atmen. Spüren Sie, wie der Atem durch den Bauch nach oben zur Brust und zum Kopf wandert und dann wieder nach unten zu den Füßen zurückkehrt. Atmen Sie aus und atmen Sie ein und spüren Sie dann, wie der Atem durch jeden Wirbel Ihrer Wirbelsäule und bis in jeden Finger wandert, bevor er Ihren Körper wieder durch Ihren Mund verlässt.

Machen Sie dasselbe noch einmal. Atmen Sie tief in Ihren Bauch ein. Dann atmen Sie die Luft genauso tief wieder aus, wie Sie sie eingeatmet haben. Gut gemacht.

Atmen Sie tief ein und spüren Sie, wie der Atem durch jede Öffnung Ihres Körpers fließt und Ihnen Energie, Zuversicht und Dankbarkeit dafür gibt, dass Sie sich dieses Moments gewahr sein können. Wenn Sie ausatmen, atmen Sie die guten oder schlechten

Absichten aus, die Sie gerade hegen. Spüren Sie nicht das Bedürfnis, fleißig zu sein. Spüren Sie nicht das Bedürfnis, so schrecklich zu sich selbst zu sein.

Genießen Sie diesen Moment der Erholung, indem Sie sich auf Ihre Atmung konzentrieren. Atmen Sie einen weiteren tiefen Atemzug ein und halten Sie ihn so lange wie möglich an. Atmen Sie anschließend diesen Atemzug so lange aus, wie Sie können. Atmen Sie noch einmal ein und öffnen Sie dann die Augen.

Wackeln Sie mit den Fingern und Zehen. Spüren Sie, wie die Energie in Ihre Handgelenke und weiter in die Hände wandert. Zählen Sie bis drei und öffnen Sie die Augen: eins, zwei, drei.

Nehmen Sie diese Achtsamkeit mit in jeden Moment Ihres Tages. Wissen Sie, dass Sie, wenn Sie achtsam sein müssen, jederzeit ein Mittel kennen, das Ihnen helfen kann, ruhig und glücklich und achtsam zu bleiben, indem Sie Ihren Atem benutzen. Zögern Sie nicht, dieses Mittel zu jeder Tageszeit zu verwenden.

Atemmeditation (kurz)

Bei dieser Meditation konzentrieren wir uns auf Ihre Atmung. Diese fünfminütige Atemübung ist perfekt für alle, die viel unterwegs sind. Diese Übung soll Ihnen helfen, sich auf Ihre Atmung zu konzentrieren, damit Sie Ihren Körper mit der energetisieren-

den, geistig klärenden Kraft Ihres Atems auftanken
können. Sie können sich hinlegen, sich hinstellen
oder sitzen, wie es für Sie am bequemsten ist. Bevor Sie beginnen, vergewissern Sie sich, dass Sie sich
in einer bequemen Position befinden und das Licht
gedimmt ist. Machen Sie sich locker, indem Sie Ihre
Finger und Ihre Zehen anspannen und wieder entspannen. Machen Sie das Gleiche noch einmal. Ziehen Sie Ihre Zehen so weit wie möglich zu Ihnen
heran. Entspannen Sie sie dann, um sie in eine bequeme Position zurückzubringen.

Jetzt, wo Sie in Ihrer bequemen Position sind, atmen
Sie einmal tief ein. Spüren Sie, wie sich Ihr Bauch
weitet. Heben Sie den Kopf an und atmen Sie aus.
Atmen Sie all die schlechten Gedanken und die Negativität aus, die sich vielleicht aufgestaut haben. Spüren
Sie die Kraft des Atems, die durch Ihren Körper zir-
kuliert. Spüren Sie, wie die Luft jeden Teil Ihres Körpers berührt und Ihnen Energie und positive Schwin-
gungen bringt.

Für die nächste Atemsequenz probieren wir den Löwenatem aus. Überprüfen Sie sanft, dass Ihre Hände
an der Seite Ihres Körpers liegen. Lassen Sie sie dort
ruhen, ohne das Gefühl zu haben, dass Sie sie bewegen müssen. Wenn Ihre Hände verkrampft sind, lösen und lockern Sie sie. Spüren Sie die Ruhe in Ihren
Händen und lassen Sie zu, dass sich dieses Gefühl
auf Ihren Körper überträgt. Wenn Sie diesmal einatmen, atmen Sie so tief ein, wie Sie können. Atmen

Sie mit geschlossenem Mund ein. Dann öffnen Sie den Mund und lassen den Atem wie bei einem Löwengebrüll ausströmen. Es ist in Ordnung, dabei ein lautes Geräusch zu machen. Strecken Sie die Zunge heraus, damit die gesamte Luft aus der Kehle entweicht. Schließen Sie den Mund.

Atmen Sie für diese Atemsequenz auf sieben Zählzeiten bzw. sieben Sekunden lang ein: eins, zwei, drei, vier, fünf, sechs, sieben. Dann atmen Sie acht Zählzeiten lang aus: eins, zwei, drei, vier, fünf, sechs, sieben, acht. Was für eine wunderbare tiefe und volle Atemsequenz. Spüren Sie, wie ruhig, geschmeidig und entspannt sich Ihr ganzer Körper anfühlt. Spüren Sie, wie leicht sich Ihr Körper anfühlt. Atmen Sie wieder ein.

Es gibt keine Gedanken über heute, morgen oder gar die fernere Zukunft, die Sie belasten. Genießen Sie diese Leichtigkeit. Erinnern Sie sich an dieses Gefühl der Entspannung. Lassen Sie uns eine weitere tiefe 4-7-8-Atemsequenz versuchen. Vergewissern Sie sich, dass Sie tief atmen, legen Sie Ihre Hand auf Ihren Bauch und atmen Sie tief ein. Spüren Sie, wie sich Ihre Hand auf Ihrem Bauch immer weiter anhebt, während Ihr Bauch so viel Atemluft aufnimmt wie möglich. Atmen Sie vier Sekunden lang aus: eins, zwei, drei, vier. Halten Sie den Atem für sieben Sekunden an. Stellen Sie sich dann vor, Sie seien ein Gasbehälter. Saugen Sie so viel Luft wie möglich ein. Dann halten Sie den Atem sieben Sekunden lang an: eins, zwei, drei, vier, fünf, sechs, sieben.

Jetzt öffnen Sie den Mund und atmen Sie die Luft aus, so als ob sie aus dem Behälter entweichen würde. Spüren Sie das entspannte Gefühl, das Ihren Körper durchdringt. Spüren Sie, wie gut es sich anfühlt. Seien Sie sich nur Ihres Atems bewusst. Stellen Sie sich vor, dass Sie, während Sie einfach nur da sind, in einer schönen Farbe erstrahlen. Es kann Ihre Lieblingsfarbe sein. Je mehr Sie im Sein sind und je ruhiger Sie sind, desto mehr strahlt Ihr Körper.

Atmen Sie erneut tief ein und ebenso tief wieder aus. Wir werden die Meditation bald beenden, also beginnen Sie sanft, Ihren achtsamen Geist wieder zu erwecken.

Kehren Sie minimal zu diesem Moment der kritischen Achtsamkeit zurück. Wenn Sie zu Ihrem kritischen Verstand zurückkehren, spüren Sie die Notwendigkeit, für den Rest des Tages achtsam zu sein.

Bei drei öffnen Sie die Augen und regen sich allmählich. Sie können langsam aufstehen und sich auf die Schulter klopfen, denn Sie haben eine großartige Atemübung vollendet. Eins. Zwei. Drei.

Die Wahrnehmung des Atems üben

Bei dieser Übung geht es darum, Ihren Atem bewusst wahrzunehmen. Bitte beginnen Sie damit, es sich an einem sicheren, besonderen Ort bequem zu machen. Nehmen Sie eine würdevolle Position ein, sei es im Liegen, Sitzen oder in der Lotus-Pose. Lassen Sie für ein paar Augenblicke alles los bis auf Ihren Atem und spüren Sie, wie er durch Ihren ganzen Körper strömt. Ersetzen Sie all die Anspannung und Angst und die flache Atmung in Ihrem Körper durch totale, vollständige Entspannung und eine tiefe Atmung. Spüren Sie, wie Ihr Körper auf die tiefen Atemzüge reagiert. Spüren Sie, wie sich Ihr Herzschlag verlangsamt. Nehmen Sie wahr, wie die Anspannung mit jedem Atemzug von Ihrem Körper abfällt. Wenn Sie in diesem Zustand angekommen sind, stellen Sie sich vor, wie sich Ihr entspannter Körper anfühlt. Spüren Sie, wie Ihr Körper schlaff wird wie eine Nudel, aber keine matschige Nudel, sondern eine Nudel, die al dente ist. Fühlen Sie sich weich und entspannt, aber dennoch fest. Lassen Sie sich locker hängen. Lassen Sie alle Anspannung aus Ihrem Körper weichen.

Erlauben Sie Ihren Atemzügen, den Moment auszufüllen. In diesem gegenwärtigen Moment sollten Sie Ihre Gedanken sanft durch Ihren Geist wandern lassen. Anstatt dass Ihre Gedanken in rasendem Tempo auftauchen und sich miteinander verknoten, lassen Sie sie sanft und geordnet auf- und wieder abtauchen. Beobachten Sie diese Gedanken. Sobald Sie die Gedanken beobachten, stellen Sie sich vor, dass sie mit einem sanften Puff verschwinden. Lassen Sie die Gedanken gehen und einfach sein. Bringen Sie Ihren Geist wieder zur Ruhe.

Elisa Peters

Schenken Sie in der Zwischenzeit die ganze Aufmerksamkeit Ihrem Atem. Sie sollten tief durch die Nase einatmen. Spüren Sie, wie der Atem in Ihre Nasenlöcher und in Ihren Rachen eintritt. Wenn Sie ausatmen, atmen Sie durch den Mund aus und spüren Sie, wie der Atem Ihre Zunge und Ihre Zähne verlässt und zurück in die Welt außerhalb von Ihnen fließt. Spüren Sie, wie sich Ihr Körper anfühlt, wenn er einfach nur still ist. Ihr Körper ist warm und leer und offen. Stellen Sie sich bei jedem Atemzug, den Sie spüren, vor, wie der Sauerstoff in Ihrem Blutkreislauf jeden Teil Ihres Körpers mit Energie versorgt.

Wenn Sie einatmen, bemerken Sie, wie befreiend es sich anfühlt. Nehmen Sie wahr, wie der Sauerstoff jegliche Negativität in Ihrem Körper verdrängt. Anstatt sich auf negative Gedanken zu konzentrieren, urteilen Sie nicht. Ihre Gedanken sind einfach da. Wenn Sie positive Gedanken haben, urteilen Sie auch über diese Gedanken nicht. Lassen Sie sie einfach sein. Konzentrieren Sie sich auf den Atem. Atmen Sie sanft, aber tief, ein und ebenso tief wieder aus. Wenn Sie beim Ein- und Ausatmen ein leises Geräusch machen wollen, ist das in Ordnung. Wenn Sie zu diesem Zeitpunkt einen kräftigen Löwenatem versuchen möchten, können Sie das gerne tun. Atmen Sie tief ein und atmen Sie dann wieder aus. Wenn Sie ausatmen, lassen Sie dabei ein lautes „Aah" hören, Ihr eigenes, ganz persönliches Brüllen.

Spüren Sie, wie ermächtigend sich das anfühlt. Spüren Sie, wie wunderbar es ist, all Ihre Ängste und Spannungen durch Ihr persönliches Löwengebrüll herauszulassen. Probieren Sie es noch einmal.

Zählen Sie beim Einatmen bis fünf: eins, zwei, drei, vier, fünf. Dann lassen Sie Ihr persönliches Brüllen noch einmal auf fünf Zählzeiten erklingen: eins, zwei, drei, vier, fünf. Strecken Sie dieses Mal beim Ausatmen die Zunge heraus. Spüren Sie Ihren Herzschlag und beruhigen Sie ihn, indem Sie einen tiefen Atemzug nehmen. Dann können Sie ihn wieder ausatmen. Atmen Sie ein und spüren Sie, wie Ihr Körper reagiert. Atmen Sie aus und spüren Sie, wie Ihr Körper reagiert. Nehmen Sie auch wahr, wie sich Ihr Körper zwischen den einzelnen Atemzügen anfühlt.

Als Nächstes versuchen wir die Blasebalg-Atmung. Dadurch wird Ihre Herzfrequenz erst beschleunigt und dann wieder verlangsamt.

Atmen Sie ein. Atmen Sie aus. Sorgen Sie dafür, dass das Ein- und das Ausatmen eines jeden Atemzugs, den Sie tun, gleich lang und tief ist. Wir werden dies noch vier weitere Male tun.

Atmen Sie ein. Atmen Sie aus. Halten Sie den Atem drei Zählzeiten lang an. Eins. Zwei. Drei.

Atmen Sie tief in den Bauch ein und atmen Sie dann für die gleiche Zähllänge aus, bis Ihr Bauch so flach ist, wie es nur geht. Gut gemacht.

Wenn Sie sich abgelenkt fühlen, schieben Sie den Gedanken zur Seite. Lassen Sie ihn verschwinden und bringen Sie Ihre Aufmerksamkeit und Ihren Fokus zurück zu Ihrem Atem. Wir haben noch zwei weitere Blasebalg-Atemzüge vor uns.

Atmen Sie ein. Atmen Sie dann wieder aus.

Atmen Sie ein und atmen Sie aus. Halten Sie den Atem an. Gut so. Atmen Sie jetzt tief und gleichmäßig. Spüren Sie, wie großartig unsere Atmung ist. Was für ein wunderbares Werkzeug sie ist. Spüren Sie, auf welch wunderbare Weise sich unser Herzschlag oder unsere Stimmung durch die einfache Zufuhr von Luft und guter Atmung verändern kann.

Wenn Sie sich in Ihrer Position wohlfühlen, denken Sie an eine schöne sanfte Brise, die über Ihren Körper weht. Erfreuen Sie sich daran, in diesem Moment zu sein. Sie müssen nicht an die Sorgen von heute, morgen oder übermorgen denken. Fühlen Sie sich einfach wohl und ruhig. Sehen Sie die Wolken, die oben am Himmel schweben. Schauen Sie sich all die entzückenden Formen an, die sie bilden, allmählich, sanft und sich stetig verändernd.

Welche Gedanken auch immer dazu führen, dass Sie den Fokus verlieren, wischen Sie sie sanft zur Seite. Hören Sie das Plätschern der Wellen am Ufer, das Ihren Körper entspannt. Stellen Sie sich vor, wie die warme Luft Sie in einen Zustand der Entspannung versetzt. Machen Sie mit dem Lärm um Sie herum zu jeder Seite des Strandes Ihren Frieden. Sehen Sie, wie eine kleine Krabbe an Ihrem Strandkorb vorbeiläuft. Bleiben Sie ruhig und beobachten Sie, wie sie vorbeizieht. Anstatt den Atem anzuhalten, atmen Sie tief und langsam ein, bis die Krabbe sich entfernt hat. Genießen Sie die Wärme der Sonne.

Entspannen Sie Ihren Körper so weit, dass Sie das Gefühl haben, in einen tiefen Schlaf zu fallen, aber dennoch alles um Sie herum wahrnehmen. Spüren Sie, wie der Atem durch Ihre Kehle strömt, wenn Sie sanft und tief atmen. Spüren Sie, wie sich Ihre Lunge ausdehnt. Nehmen Sie so viel Luft auf, wie Sie können. Halten Sie Ihren Atem dann an. Lassen Sie ihn anschließend ausströmen und fühlen Sie, wie er Ihrem ganzen Körper Kraft verleiht. Atmen Sie aus und runden Sie leicht Ihre Lippen, bis der ganze Atem entwichen ist. Fühlen Sie sich wie ein Luftballon, in dem keine Luft mehr ist.

Sobald der Atem ausgeatmet ist, atmen Sie wieder ein und wecken Sie sanft Ihre Sinne. Spüren Sie, wie Ihr Körper wieder in Ihrer kritischen Wahrnehmung ankommt. Legen Sie den Schalter langsam wieder um, aber machen Sie dieses Mal einen Schritt langsamer, statt zu schnell vorzugehen. Seien Sie etwas achtsamer, wenn Sie Ihre üblichen Tätigkeiten des Alltags erledigen. Wir werden die Meditation bald zu Ende bringen. Fühlen Sie sich jedoch nicht unter Druck gesetzt, die Sitzung hier enden zu lassen.

Wenn Sie noch ein paar Augenblicke weiter achtsam sein möchten, ist das in Ordnung. Wenn Sie bereit sind, die Meditation zu beenden, können Sie sanft Ihre Augen öffnen.

Sobald Ihre Augen offen sind, können Sie aufstehen und einen wunderbaren Tag genießen. Nehmen Sie den Zustand der Entspannung mit in den Rest des Tages.

Die Kraft des Atems

Im Folgenden werden Sie durch eine Meditationssitzung geführt, die Ihren Atem als Hauptfokus der Aufmerksamkeit nutzt. Bevor wir beginnen, nehmen Sie sich bitte die Zeit, Ihren Körper in eine bequeme Position zu bringen. Wenn Sie sitzen, versuchen Sie, Ihre Wirbelsäule so gerade wie möglich zu halten, strecken Sie Ihren Rücken durch und achten Sie darauf, dass Ihr Kopf erhoben ist. Er sollte genau mittig zwischen den Schultern sitzen. Ihr Blick sollte weich und sanft auf einen Punkt im Raum oder an der Wand gerichtet sein. Wenn es angenehmer ist, können Sie die Augen schließen. Lassen Sie Ihre Hände und Arme in der Position ruhen, die für Sie am angenehmsten ist. Sie sollten sich dabei nicht schwer anfühlen, sondern locker und leicht.

Bevor wir weitermachen, schalten Sie von Ihrem Alltag ab. Denken Sie für die Dauer der nächsten Momente nicht darüber nach, welche Dinge Sie tun müssen. Kein Nachdenken über das, was jemand zu

Ihnen gesagt hat, und wie Sie das verärgert hat. Kein Denken an das, was Sie nicht geschafft haben zu tun. Stellen Sie den Schalter auf Ihren Achtsamkeitsmodus. Sie erlauben sich, für einen Moment innezuhalten und sich an dieser Achtsamkeit zu erfreuen. Dieser Schalter erlaubt Ihnen nur, sich auf das zu konzentrieren, was im gegenwärtigen Moment vor sich geht. In Ihrem Achtsamkeitsmodus haben Sie für Ihre Gedanken nur Freundlichkeit übrig. Sie stehen dem, was Sie denken, nicht mehr wertend gegenüber. Sie beobachten nur noch die Gedanken, während sie vorbeiziehen. Jetzt sind Sie sich nur noch dessen gewahr, was in diesem gegenwärtigen Moment geschieht. Während Sie in einer bequemen Position sitzen bleiben, seien Sie still und fühlen Sie. Spüren Sie das leise Summen Ihres Atems, wenn sich Ihr Brustkorb hebt und senkt. Genießen Sie all die körperlichen Empfindungen, die mit dem bloßen Sein einhergehen. Stellen Sie sich vor, dass Sie der Inbegriff von jemandem sind, der einfach nur dasitzt und nichts tut.

Achten Sie darauf, wie sich Ihr Bauch beim Ein- und Ausatmen bewegt. Spüren Sie, wie die Luft durch Ihre Nasenlöcher strömt, und spüren Sie dann das leichte Anheben Ihrer Schultern und Ihres Brustkorbs. Beobachten Sie Ihren Atemzyklus, besonders dann, wenn er sich am stärksten anfühlt. Wie fühlt es sich zu dem Zeitpunkt an, an dem Sie die meiste Luft aufgenommen haben? Gibt es einen solchen Punkt? Fühlt es sich dann am stärksten an, wenn sich Ihr Bauch ausdehnt, wenn Sie spüren, dass sich

Elisa Peters

Ihre Brust mit Luft füllt? Oder ist es eher der Moment, wenn der Atem durch Ihre Nasenlöcher einströmt? Reisen Sie mit Ihrem Atem mit –von dem Zeitpunkt an, an dem er in Ihrer Nase ansteigt, bis er schließlich Ihre Lunge füllt und Ihren Bauch leicht herausdrückt. Spüren Sie auch, wie der Atem Ihren Körper wieder verlässt.

Beobachten Sie die Momente zwischen Ihren einzelnen Atemzügen. Wie fühlt sich Ihr Atem dann an? Betrachten Sie die gesamte Sequenz des Ein- und Ausatmens als einen vollständigen Atemzyklus. Nehmen Sie wahr, dass jeder Teil Ihres Atemzyklus etwas Besonderes ist und dazu beiträgt, sie mit Leben zu erfüllen. Konzentrieren Sie sich auf den Moment zwischen Ihren Atemzyklen. Versuchen Sie, ihn anzupassen und ihm die gleiche Tiefe, Länge und Intensität zu verleihen wie Ihrem Ein- und Ausatmen.

Einatmen. Ausatmen. Der Moment dazwischen. Einatmen. Ausatmen. Der Moment dazwischen.

Während Sie sich auf Ihre Atemzüge konzentrieren, erleben Sie vielleicht, wie Ihre Gedanken auf Wanderschaft gehen. Sie denken vielleicht darüber nach, was gestern Abend passiert ist oder was Sie nach dieser Sitzung tun müssen oder was Sie davor getan haben oder an etwas, das Sie stört. Erlauben Sie diesen Gedanken, sich aus Ihrem Geist zu entfernen. Bringen Sie Ihre Aufmerksamkeit so sanft wie möglich zu Ihren Atemzügen zurück. Spüren Sie

Ihren Atem und die Empfindungen, die er erzeugt, während er sich durch Ihren Körper bewegt. Seien Sie sich bewusst, wie leicht Ihr Geist von einer Sache zur anderen springen kann, und bringen Sie ihn zurück, um sich auf Ihre Atmung zu konzentrieren. Es kann sein, dass Sie Ihre Atmung in diesem Moment kontrollieren wollen, aber geben Sie die Kontrolle ab und lassen Sie Ihren Atem Ihren Brustkorb erfüllen.

Stellen Sie sich vor, dass Sie sich auf einer Blumenwiese befinden. Sie wälzen sich im Gras und genießen den weichen Teppich aus Vegetation. Die lebhaften Farben umarmen Sie und lassen Sie an etwas Schönes denken. Haben Sie nicht das Bedürfnis, zu kontrollieren, wann Sie die Wiese verlassen müssen. Bleiben Sie einfach da und atmen Sie ein und aus. Riechen Sie die süßen Düfte, die über die Wiese schweben.

Während Sie sich auf der Wiese befinden, nehmen Sie möglicherweise Hintergrundgeräusche wahr. Sie könnten den dahinströmenden Verkehr hören, Autos, die vorbeifahren. Vielleicht hören Sie auch das Summen einer Heizungs- und Kühlanlage oder Menschen, die sich im Hintergrund vorbeibewegen. Konzentrieren Sie sich kurz auf das Geräusch selbst, dann richten Sie Ihren Fokus wieder auf Ihren Atem. Sie sind mit diesen Geräuschen durch Ihren Atem verbunden. Sie sind durch Ihren Atem mit diesem Moment verbunden. Jedes Mal, wenn Sie Ihren Fokus verlieren, bringen Sie ihn sanft zurück. Während Sie sich auf Ihren Atem konzentrieren, bemerken Sie, wie Sie vielleicht das Bedürfnis haben, sich eine Meinung zu diesem Moment zu bilden.

Vielleicht gefällt Ihnen meine Stimme, vielleicht auch nicht, vielleicht gefällt Ihnen auch die Position nicht, in der Sie sitzen. Seien Sie sich dieser Neigung bewusst, immer bemerken zu müssen, was vor sich geht und eine Meinung dazu haben zu müssen. Anstatt sich auf die Entscheidung zu konzentrieren, eine Meinung zu haben, lassen Sie das Bedürfnis danach los. Werfen Sie Ihre Meinung weg und seien Sie einfach. Konzentrieren Sie sich auf die Situation, so wie sie ist. Sie ist nicht gut oder schlecht, sie ist einfach nur. Beachten Sie, dass das Einzige, worauf Sie sich zu diesem Zeitpunkt konzentrieren, Ihr Atem und die körperlichen Empfindungen sind, die mit Ihrem Atemzyklus einhergehen.

Zu diesem Zeitpunkt fühlen Sie sich vielleicht etwas unwohl oder Sie würden gerne aufhören. Sie können diese Empfindungen bewältigen, indem Sie Ihre Füße langsam bewegen, damit sie nicht einschlafen oder das Unbehagen etwas lindern. Dies stellt eine Möglichkeit dar. Eine andere Möglichkeit, mit Ihrem körperlichen Unbehagen umzugehen, ist, es einfach noch ein wenig länger zu erleben. Lassen Sie Ihr Unbehagen noch einen Moment zu und schauen Sie, wie es sich anfühlt. Spüren Sie ein Kribbeln oder ein Taubheitsgefühl? Nehmen Sie es an. Es wird bald vorübergehen. Sie können damit umgehen – erleben Sie einfach das, was Sie jetzt gerade fühlen, voll und ganz. Es gibt nicht den einen Weg, der besser ist als alle anderen.

Beachten Sie Ihre Absichten in diesem Moment. Befreien Sie sich von ihnen und seien Sie einfach. Bei Ihrem nächsten Atemzug verlieren Sie Ihre Absichten. Konzentrieren Sie sich nur auf Ihren Atem. Atmen Sie ein und atmen Sie aus. Achten Sie darauf, wie alles zu Ihrem Atem zurückkommt. Wenn Sie sich jetzt gedanklich gänzlich verirrt haben, ist das völlig in Ordnung. Lenken Sie die Aufmerksamkeit wieder auf Ihren Atem.

Begrüßen Sie die Kraft Ihres Atemzyklus. Achten Sie darauf, wie der Atem Ihnen helfen kann, die guten und schlechten Gedanken vorbeiziehen zu lassen. Erkennen Sie, dass Sie sich sogar dann, wenn Sie sich ablenken lassen, auf Ihren Atem konzentrieren können, um mit seiner Hilfe in den Moment zurückzufinden, ohne irgendwelche Entscheidungen treffen zu müssen.

Seien Sie stolz darauf, dass Sie gemerkt haben, wie Sie vom Weg abgekommen sind, und dass Sie in der Lage sind, sich durch Ihren Atem wieder zu fokussieren. Sie leisten in Bezug auf die Achtsamkeit hervorragende Arbeit. Erinnern Sie sich auf Ihrem weiteren Weg an diese Achtsamkeit und daran, wie wichtig die Atmung ist.

Jetzt, da sich die Meditation dem Ende zuneigt, seien Sie stolz darauf, dass Sie diese Zeit damit verbringen konnten, Ihren Bewusstseinsmuskel durch die Atmung zu trainieren. Seien Sie dankbar, dass es Ihnen gelungen ist, diese Zeit in diesem gegenwärtigen Moment zu verbringen und diese Fähigkeit auf andere Momente in Ihrem Leben zu übertragen. Seien Sie dankbar, dass Sie in der Lage sind, Tag für Tag im gegenwärtigen Moment zu leben, ohne zu urteilen.

Achtsamkeitsmeditation für Entspannung und Stressabbau

Bevor wir mit dieser Meditation beginnen, nehmen Sie sich ein paar Augenblicke Zeit, um es sich bequem zu machen und sich zu lockern. Es ist jetzt an der Zeit, gedanklich von der geschäftigen Hektik des Alltags abzuschalten und sich einfach darauf zu konzentrieren, im Moment zu sein. Diese Meditation soll Ihnen helfen, präsent zu sein und sich zu entspannen und jeglichen Stress abzubauen, der sich vielleicht angestaut hat.

Wir beginnen damit, tief in den Bauch einzuatmen. Atmen Sie durch die Nase ein und lassen Sie dann die Luft durch den Mund ausströmen. Spüren Sie bei jedem Ausatmen, wie Ihr Bauch sich Ihrer Körpermitte nähert und lassen Sie dabei ein hörbares „Aah" ertönen. Konzentrieren Sie sich bei jedem tiefen Atemzug auf die körperlichen Empfindungen, die damit einhergehen. Öffnen Sie dann beim nächsten Einatmen den Mund und atmen Sie durch den Mund. Spüren Sie, wie die Luft Ihre Zähne und Ihre Zunge kitzelt. Spüren Sie, wie sich Ihre Lunge mit Luft und dadurch auch mit großer Lebenskraft füllt. Schieben Sie während dieses Moments alle Ihre Sorgen beiseite. Atmen Sie diese Sorgen einfach mit der Atemluft aus.

Sie brauchen sich nicht länger unter Druck gesetzt fühlen. Versuchen Sie, Ihre rasenden Gedanken zu beruhigen. Beobachten Sie Ihre Gedanken einfach, während sie vorbeiziehen. Fallen Ihnen Gedanken auf, die scheinbar immer wieder auftauchen? Bemerken Sie irgendwelche Muster bei den Dingen, die Sie denken? Atmen Sie ein und lassen Sie die Gedanken bei Seite. Atmen Sie ein und atmen Sie aus.

Wenn Sie einatmen, spüren Sie, wie sich jeder Teil Ihres Körpers, den die Luft berührt, entspannt. Je tiefer Sie einatmen, desto mehr fühlen Sie sich entspannt. Jedes Mal, wenn Sie ausatmen, lassen Sie die Spannung aus Ihrem Körper entweichen.

Beginnen Sie bei Ihren Füßen. Atmen Sie ein und spüren Sie dabei, wie sich Ihr Körper ausdehnt. Spüren Sie beim Einatmen, wie der Atem Ihre Füße und Zehen entspannt. Stellen Sie sich vor, dass die Luft unter Ihrer Aufmerksamkeit schmilzt wie Eis. Atmen Sie ein und entspannen Sie Ihre Beine, Hüften und Taille. Spüren Sie, wie sich jegliche Anspannung wie Eis verflüssigt. Richten Sie Ihre Aufmerksamkeit als Nächstes auf Ihren Bauch. Spüren Sie beim Einatmen, wie sich die Wände Ihres Bauches ausdehnen. Atmen Sie aus und spüren Sie, wie die Spannung in Ihrer Brust beim Ausatmen wegschmilzt. Sagen Sie sich im Geiste, dass Sie sich entspannen sollen.

Spüren Sie, wie sich Ihre Brust mit Luft füllt. Spüren Sie, wie Ihr ganzer Körper von Luft durchströmt wird, und spüren Sie die Wärme in Ihrer Brust, wenn Sie ausatmen. Arbeiten Sie sich nun zum Nacken hinauf. Spüren Sie die Wärme der Luft und lassen Sie zu, dass sie Ihren gesamten Nacken erwärmt. Spüren Sie, wie die Spannung aus Ihrem Nacken weicht. Atmen Sie nun ein und spüren Sie die Wärme in Ihrem gesamten Kopf. Atmen Sie noch tiefer ein und spüren Sie dann, wie Sie sich entspannen. Spüren Sie, wie sich Ihr ganzer Körper entspannt, wenn Sie die Luft wieder ausatmen.

Seien Sie im Moment. Fühlen Sie sich ruhig und zufrieden. Seien Sie still. Schalten Sie alle Hintergrundgeräusche aus, die Sie vielleicht stören. Konzentrieren Sie sich nicht auf diese Geräusche. Konzentrieren Sie sich auf Ihren Atem. Noch stärker wird Ihre Konzentration, wenn Sie auf Ihren Herzschlag hören. Achten Sie darauf, wie er sich mit Ihrem Atem verändert. Je tiefer Ihre Atemzüge sind, desto langsamer ist Ihr Herzschlag. Je schneller Ihre Atemzüge sind, desto schneller geht auch Ihr Herzschlag. Behalten Sie die Qualität Ihrer Atemzüge bei, langsam und tief.

Bemerken Sie irgendwelche Verspannungen in Ihrem Körper? Atmen Sie ein und spüren Sie, wie die Spannung mit jedem Atemzug nachlässt. Neigen Sie Ihren Kopf nach unten zur Brust und richten Sie ihn wieder auf. Dann schieben Sie den Kopf so weit wie möglich zurück. Halten Sie inne und genießen Sie die Entspannung. Kneifen Sie Ihre Augen fest zusammen und entspannen Sie Ihr Gesicht dann wieder. Legen Sie Ihre Nase und den Bereich um Ihren Nasenrücken in Falten. Lassen Sie die Spannung mit jedem Naserümpfen weniger werden. Dann runzeln Sie die Stirn. Lassen Sie die Anspannung auch mit jedem Stirnrunzeln immer weiter verschwinden.

Atmen Sie ein und achten Sie noch einmal darauf, dass Ihre Augen entspannt sind. Ziehen Sie die Schultern hoch. Halten Sie dies für einen Moment und lassen Sie sie dann wieder sinken. Bringen Sie die Aufmerksamkeit zu Ihren Armen. Atmen Sie ein und lassen Sie dann die Arme mit dem Atem nach oben wandern und lassen Sie sie anschließend wieder los. Gehen Sie mit Ihrer Aufmerksamkeit nun zu Ihren Handgelenken und bewegen Sie diese hin und her. Halten Sie die Bewegung an und spüren Sie, wie locker Ihre Handgelenke sind.

Sie sollten nun spüren, dass sich Ihr Körper in einem Zustand totaler, tiefer Entspannung befindet. Gehen Sie dann mit Ihrer Aufmerksamkeit zu Ihren Oberschenkeln. Stellen Sie sich vor, dass diese jetzt völlig entspannt sind. Spüren Sie, wie sich Ihr ganzer Körper entspannt. Atmen Sie auf vier Zählzeiten ein: eins, zwei, drei, vier. Atmen Sie dann auf vier Zählzeiten aus: eins, zwei, drei, vier. Die Meditation wird bald beendet sein. Öffnen Sie langsam die Augen.

Blinzeln Sie und begrüßen Sie den Tag. Jetzt können Sie aufstehen und nach vorne blicken. Bewahren Sie sich das Gefühl der Entspannung und der Stressfreiheit, während Sie Ihren täglichen Aufgaben nachgehen.

Achtsamkeitsmeditation für inneren Frieden und Gelassenheit

Suchen Sie sich eine bequeme Position im Sitzen oder Liegen und schließen Sie die Augen. Diese Meditation soll Ihnen helfen, inneren Frieden und Ruhe zu finden. Wir beginnen damit, dass Sie Ihren Atem wahrnehmen. Bitte atmen Sie durch die Nase ein und durch den Mund aus.

Spüren Sie mit jedem Atemzug die Kühle der Luft, die jedem Ihrer Organe Frieden bringt, während sie Ihre Lungen füllt. Atmen Sie so tief ein, wie Sie nur können, um Ihre Lungen mit Sauerstoff zu füllen. Spüren Sie mit jedem Atemzug die Kraft Ihres Atems und die Wiederbelebung, die er Ihnen bringt. Bringen Sie mit jedem Atemzug Stille, Hoffnung und Frieden in Ihren geschäftigen Geist.

Während der Meditation kann es vorkommen, dass Ihr Geist abschweift und sich auf verschiedene Dinge konzentriert. Lenken Sie Ihre Gedanken sanft und bestimmt zurück zu Ihren Atemzügen. Wenn Sie einatmen, versorgt dieser Atem Sie mit Energie. Spüren Sie, wie diese Energie Ihren Körper auflädt und Sie auf alles vorbereitet, was auf Sie zukommt.

Während Sie ausatmen, befreien Sie sich von jeglicher Negativität und auch von sämtlichen schlechten Keimen, die sich in Ihrem Körper befinden könnten. Spüren Sie mit jedem Atemzug, wie Ihr Körper von Frieden und Ruhe ausgefüllt wird, bis keine Negativität mehr übrig ist. Konzentrieren Sie sich zehn Zählzeiten lang auf Ihren Atem und lassen Sie dann alles los.

Atmen Sie ein und atmen Sie aus. Spüren Sie mit jedem Atemzug die Wärme in Ihrem Körper. Spüren Sie das sanfte Gefühl der Leichtigkeit, das sich mit jedem einzelnen Atemzug in Ihrem Körper ausbreitet.

Wenn Sie jetzt einatmen, wiederholen Sie: „Ich bin friedlich." Denken Sie an das, was Ihnen Frieden bringt. Wiederholen Sie: „Ich bin friedlich."

Atmen Sie aus und spüren Sie, wie Ihrem Körper alle Negativität entweicht. Sie können sie einfach loslassen. Machen Sie sich keine Gedanken über diese Negativität. Negativität ist das, worüber Sie sich am wenigsten sorgen müssen. Konzentrieren Sie sich auf Ihre Atmung und die Kraft eines jeden einzelnen Atemzuges.

Atmen Sie ein und fühlen Sie sich entspannt. Sagen Sie zu sich selbst: „Ich bin ruhig." Was erfüllt Sie mit Ruhe? Verschaffen Sie sich eine doppelte Dosis dieser Ruhe, indem Sie an ein Bild denken, das Ruhe in Ihnen auslöst. Denken Sie an dieses Bild, während Sie weiter ein- und ausatmen.

Spüren Sie mit jedem Atemzug, wie sich Ihre Extremitäten entspannen und die Spannung im Inneren sich lockert, bis Sie sich besser fühlen. Fühlen Sie sich nicht entmutigt, wenn Sie nicht so entspannt sind, wie Sie glauben, es sein zu müssen. Konzentrieren Sie sich weiterhin auf Ihre Atmung.

Atmen Sie langsam und vollständig aus. Achten Sie auf die kleine Pause nach jedem Atemzyklus. Atmen Sie ein und lassen Sie dann Ihren Körper jeden einzelnen Strahl der Entspannung spüren, wie die Sonne, die sich über Ihren ganzen Körper ausbreitet.

Atmen Sie ein und wiederholen Sie: „Ich bin ruhig. Egal, was passiert." Denken Sie nicht an irgendwelche Umstände, die Ihre Stimmung beeinflussen können, egal ob diese Umstände gut oder schlecht sind. Konzentrieren Sie sich vielmehr darauf, ruhig zu bleiben, unabhängig von den Umständen und egal, in welcher Situation Sie sich befinden.

Atmen Sie aus und atmen Sie dann wieder ein. Spüren Sie, dass Sie ruhig sind, egal was passiert. Atmen Sie aus. Atmen Sie ein und spüren Sie, wie der Atem Ihnen Ruhe bringt. Er erdet Sie und bringt Ihnen Frieden in jeder Situation, die Ihnen begegnen mag.

Wiederholen Sie für sich selbst: „Ich bin in Frieden. Egal, was passiert." Behalten Sie im Hinterkopf, dass Sie sich ruhig fühlen, was auch immer Sie stören mag und egal, was passiert. Lassen Sie den Geist der Gelassenheit in sich weiterleben und nehmen Sie ihn mit, wenn Sie gehen.

Wenn wir diese Meditation zu Ende bringen, behalten Sie dieses Gefühl der friedlichen Ruhe bei und erlauben Sie ihm, Sie durch den Tag tragen. Fühlen Sie sich ermächtigt, noch ein paar Momente länger präsent und achtsam zu sein, wenn Sie das möchten. Sie stehen nicht unter Zeitdruck dabei, die positiven Effekte der Achtsamkeit zu nutzen. Nehmen Sie sich Zeit und tun Sie, was Sie möchten.

Wann immer Sie bereit sind, werden wir die Meditation auf fünf beenden: eins, zwei, drei, vier, fünf.

Achtsamkeitsmeditation für Selbstmitgefühl

Beginnen wir damit, dass Sie sich in eine bequeme und würdevolle Position begeben. Sie können sitzen, sich in den Lotussitz begeben oder sich hinlegen. Dann atmen Sie dreimal tief.

Atmen Sie ein. Spüren Sie, wie der Sauerstoff Ihren gesamten Körper entspannt. Atmen Sie aus. Drücken Sie die Luft so weit wie möglich heraus.

Atmen Sie ein. Stellen Sie sich vor, Sie würden an einem Strohhalm ziehen und dabei so viel Luft wie möglich einsaugen. Zählen Sie dabei bis vier: eins, zwei, drei, vier. Atmen Sie dann auf vier Zählzeiten aus: eins, zwei, drei, vier. Sie können Ihren imaginären Strohhalm loslassen.

Atmen Sie noch einmal ein. Zählen Sie bis vier: eins, zwei, drei, vier. Atmen Sie wieder auf vier Zählzeiten aus: eins, zwei, drei, vier.

Vergewissern Sie sich wieder, dass Sie sich in einer möglichst bequemen Position befinden, und richten Sie Ihren Fokus auf die Atmung. Bei dieser Meditation geht es darum, mitfühlend gegenüber sich selbst zu sein. Zu oft sind wir selbst unser härtester Kritiker. Allzu oft fallen wir dem Versuch zum Opfer, uns mit anderen zu vergleichen. In dieser Meditation geht es darum, diese Gedankenmuster zu unterbrechen und sich selbst gegenüber mitfühlend zu sein, und zwar da, wo Sie gerade stehen. Nicht an dem Ort, an dem Sie gestern waren oder in der Zukunft sein werden. In dieser Meditation geht es darum, dankbar für die Person zu sein, die Sie in diesem Moment sind.

Konzentrieren Sie sich auf Ihren Atem und machen Sie sich die Worte bewusst, die wir gleich sagen werden. Diese Worte werden den Raum Ihres Körpers einnehmen, während Ihr Atem Sie erdet. Versuchen Sie, die Kraft der Worte und die Kraft des Atems gleichzeitig zu spüren.

Wenn Sie irgendwelche drängenden oder beunruhigenden Gedanken hegen, die Sie wie eine Mücke im Hintergrund plagen, dann verscheuchen Sie sie. Doch wenn sie wieder zurückkommen, lassen Sie sie einfach sein. Notieren Sie sich diese Gedanken und lenken Sie Ihre Aufmerksamkeit wieder auf Ihren Atem.

Spüren Sie, wo der Atem für Sie am deutlichsten fühlbar ist. Spüren Sie, wie er durch Ihre Nase und in den Rest Ihres Körpers wandert. Wenn Sie ausatmen, spüren Sie, wie der Atem Ihren Körper verlässt. Spüren Sie, wie er alle Gifte und Negativität Ihrer Umgebung mit sich fortnimmt.

Was auch immer Sie jetzt empfinden, konzentrieren Sie sich auf das Gefühl des Atmens und auf den Atemzyklus. Nehmen Sie mit jedem Einatmen diese nährende Wärme in sich auf und spüren Sie, wie sie sich im ganzen Körper ausbreitet, so wie sich auch die Ringe auf einer Wasseroberfläche immer weiter ausbreiten.

Sagen Sie mit jedem Ausatmen: „Ich bin glücklich." Denken Sie an das, was Sie glücklich macht. Denken Sie daran, was Sie erfreut. Denken Sie daran, wie sich Ihr Körper anfühlt, wenn Sie an Ihrem Lieblingsplatz sind. Wiederholen Sie für sich selbst: „Ich bin glücklich."

Atmen Sie ein und sagen Sie sich beim Ausatmen: „Ich bin geborgen." Denken Sie daran, dass Sie geborgen sind, egal, was Sie tun. Sie sind in diesem Moment der Achtsamkeit geborgen. Auch Ihre Gedanken sind sicher bei Ihnen aufgehoben. Sie befinden sich in einer urteilsfreien Zone. Es gibt keine guten oder schlechten Gedanken. Es sind nur Gedanken.

Atmen Sie ein und atmen Sie aus. Sagen Sie: „Ich bin freundlich zu mir selbst." Welche Fehler Sie auch immer in der Vergangenheit gemacht haben, sie sind vorbei. Lernen Sie aus ihnen. Was auch immer Sie an Bösem oder Bösartigem getan haben, es ist vorbei. Sagen Sie es noch einmal: „Ich bin gut zu mir selbst." Atmen Sie ein und atmen Sie wieder aus.

Atmen Sie ein und atmen Sie aus. Wiederholen Sie für sich selbst: „Ich akzeptiere mich so, wie ich heute bin." Atmen Sie ein und atmen Sie aus. Sie sind perfekt. Ihre Vollkommenheiten und Unvollkommenheiten machen Sie zu dem, was Sie sind, und auf Ihre Art sind Sie perfekt. Atmen Sie ein und atmen Sie aus und sagen Sie: „Ich akzeptiere mich so, wie ich heute bin."

Atmen Sie ein und atmen Sie aus. Sagen Sie: „Ich vergebe mir selbst." Wissen Sie was? Was auch immer getan worden ist, ist getan worden. Vergeben Sie sich selbst, Ihrer guten und Ihrer schlechten Seite. Seien Sie dabei sanft, aber bestimmt. Lernen Sie aus jeder Situation, was gelernt werden muss. Es ist da, damit Sie es reflektieren und verstehen können. Atmen Sie ein und atmen Sie aus. Sagen Sie: „Ich vergebe mir selbst."

Atmen Sie ein. Atmen Sie aus, und sagen Sie: „Ich bin gesund." Wenn Sie atmen können, sind Sie auch in der Lage, gesund zu sein. Wenn Sie atmen, können Sie Ihre Gesundheit immer verbessern. Halten Sie in diesem Moment inne und überlegen Sie, wie Sie Ihre Gesundheit verbessern können. Wenn Sie bereits gesund sind, ermutigen Sie sich selbst, auf dem gesunden Weg zu bleiben. Atmen Sie ein und atmen Sie aus. Sagen Sie: „Ich bin gesund."

Atmen Sie ein, atmen Sie aus und sagen Sie: „Ich praktiziere täglich Selbstmitgefühl." Spüren Sie, wie mitfühlend Sie sich selbst gegenüber sind. Erkennen Sie, dass Sie frei von Urteilen sind. Fühlen Sie sich frei von harschen Urteilen gegenüber sich selbst. Fühlen Sie sich frei davon, sich über Fehler, die Sie gemacht haben, zu ärgern. Atmen Sie ein und atmen Sie aus. Wiederholen Sie: „Ich praktiziere täglich Selbstmitgefühl."

Atmen Sie ein und atmen Sie aus. Zögern Sie nicht, die hier angewandten Phrasen in beliebiger Reihenfolge zu verwenden. Sie können entweder innehalten und weiter ein- und ausatmen. Oder Sie wiederholen Ihre Lieblingsaffirmation.

Für was auch immer Sie sich entscheiden, es ist in Ordnung. Es gibt keine richtige oder falsche Antwort. Tun Sie, was für Sie am angenehmsten ist. Wie auch immer Sie sich entscheiden, versuchen Sie, achtsam mit Ihrer Entscheidung umzugehen.

Die Meditation wird bald beendet sein. Tun Sie, was Sie tun müssen. Wenn Ihnen diese Übung Spaß macht und Sie sich die Zeit nehmen wollen, um noch länger achtsam zu sein, können Sie das tun. Wenn Sie aufstehen müssen, um Ihren Tag fortzusetzen, können Sie auch das tun.

Wenn es an der Zeit ist, wecken Sie sanft Ihre Sinne und kehren Sie bei drei in Ihren kritischen Verstand zurück. Eins. Zwei. Drei.

Öffnen Sie die Augen. Sie sind nun durch Ihre Selbstmitgefühlsmeditation gestärkt.

Es lässt sich abschließend sagen, dass Ihnen die geführten Meditationen in diesem Kapitel helfen können, den Einstieg zu finden. Sie sind besonders hilfreich, wenn Sie sich nicht sicher sind, wie Sie anfangen sollen oder was Sie sagen sollen, wenn Sie Achtsamkeit praktizieren wollen. Diese Meditationen sind großartig, wenn es um das Üben der verschiedenen Arten, zu atmen, geht, und darum, Ihre Achtsamkeit zu verstärken. Nun werden wir im nächsten Kapitel zu einigen geführten Meditationen übergehen, die sich auf bestimmte Krankheiten beziehen.

Kapitel 5

Heilung

„Wenn du in die richtige Richtung blickst,
brauchst du nur weiterzugehen." – Buddha

B
uddha hat es gut gesagt. Nun, da Sie auf dem
richtigen Weg sind und Ihre eigenen geführten Meditationen durchführen, ist es an der
Zeit, dass Sie weitergehen und lernen. Die Achtsamkeitsmeditationsübungen in diesem Kapitel werden
sich auf die Heilung und Bewältigung von Ängsten,
Depressionen, Schlaflosigkeit und Kummer konzentrieren. Die Forschung hat gezeigt, dass Achtsamkeitsmeditation bei der Heilung dieser Krankheiten sehr
hilfreich ist, da sie die geistige Gesundheit fördert
und auch das Herz stärkt. Achtsamkeitsmeditation ist
auch ein großartiges Mittel, wenn es darum geht, mit
diesen Arten von Herausforderungen zurechtzukommen, denn sie greift auch auf Ihre innere Stärke und
die Kraft des Atems zurück. Die folgenden geführten

Achtsamkeitsmeditationsübungen werden Ihnen helfen, sich zu entspannen und mit den Krankheiten, mit denen Sie vielleicht zu tun haben, besser umzugehen.

Achtsamkeitsmeditation bei Ängsten

Wir werden jetzt mit unserer Achtsamkeitsmeditation gegen Angst beginnen. Vielleicht erleben Sie derzeit Angstzustände oder leiden schon eine Weile unter solchen, und das ist nicht das beste Gefühl der Welt. Sie sind vielleicht verletzt. Sie haben vielleicht Angst, doch es wird Ihnen nichts passieren. Ich weiß, es ist schwer für Sie, dies im Moment zu glauben, aber lassen Sie sich gesagt sein, dass die Reaktionen Ihres Körpers auf Ihre Angst bald vorbei sein werden.

Ihre Angstzustände werden bald verschwinden. Sie halten nicht ewig an. Wollen Sie wissen, warum? Es liegt daran, dass Ihr Körper bereits über eine eingebaute Funktion zum Stressabbau verfügt. Ihr Körper wird auf eine natürliche Art und Weise mit den Ängsten umgehen. Behalten Sie dies also im Hinterkopf und denken Sie daran, dass Ihr Körper Ihnen immer hilft, mit Ihrer Angst umzugehen. Es liegt in Ihrer Verantwortung, den Stressabbau zu aktivieren, indem Sie sich entspannen. Es ist an Ihnen, Ihrem Körper zu helfen, sich zu entspannen, indem Sie tiefe Atemzüge tun. Das Einatmen wird Ihnen helfen, Ihren Körper zu beruhigen. Der Zweck dieser Meditation ist es, Ihre Atmung zu nutzen, um sich zu entspannen.

Sie haben vielleicht das Gefühl, dass Ihnen das Atmen schwerfällt, aber seien Sie sich bewusst, dass Ihr Körper bereits atmet. Hören Sie in diesem Moment auf Ihren Atem. Wenn Ihre Atemzüge kurz sind, versuchen Sie, Ihren Atem zu verlängern, indem Sie bis drei zählen. Atmen Sie für einen Atemzyklus von drei Zählzeiten ein; eins, zwei, drei. Dann atmen Sie für einen Atemzyklus von drei Zählzeiten aus: eins, zwei, drei. Achten Sie auf Ihren Herzschlag. Achten Sie darauf, ob er schnell oder langsam geht.

Versuchen wir, Ihre Atmung zu verlangsamen. Atmen Sie wieder ein. Diesmal halten wir den Atemzyklus fünf Zählzeiten lang. Atmen Sie ein: eins, zwei, drei, vier, fünf. Dann atmen Sie aus: eins, zwei, drei, vier, fünf.

Atmen Sie wieder tief ein. Jetzt atmen Sie aus, als ob Sie viele Kerzen auf einem Geburtstagskuchen ausblasen würden. Sie wollen dabei sichergehen, dass Sie jede einzelne dieser Kerzen ausblasen. Atmen Sie ein und halten Sie den Atem drei Zählzeiten lang an: eins, zwei, drei. Nun atmen Sie langsam aus: eins, zwei, drei. Machen Sie so weiter. Sie machen das sehr gut.

Zur zusätzlichen Unterstützung können Sie Ihre Finger hochhalten und so tun, als wären sie die Kerzen vor Ihnen. Lassen Sie nun die Luft ausströmen, öffnen Sie den Mund und machen Sie beim Ausatmen einen sanften „Huh"-Laut. Sie können diesen Atemzyklus noch einmal wiederholen, oder langsam und sanft weiteratmen.

Achten Sie auf Ihren Körper. Sehen Sie, wie Ihr Körper Ihre Atmung steuert? Sehen Sie, wie er dafür sorgt, dass er genug Luft bekommt? Sehen Sie, wie Ihr Körper Ihnen helfen will, sich zu beruhigen? Schließen Sie in Ihrer bequemen Position wieder die Augen und nehmen Sie alles in sich auf. Nehmen Sie wahr, wie großartig und autark Ihr Körper ist und wie Sie ihm helfen können.

Sie fühlen sich vielleicht immer noch überwältigt. Sie mögen das Gefühl haben, dass niemand in diesem Moment bei Ihnen ist, doch es sei Ihnen versichert, dass Sie genug sind. Sie sind Ihr Atem. Ihr Atem ist eine Welle. Jedes Mal, wenn Sie tief einatmen, wird die Welle höher. Reiten Sie diese Welle, solange es geht. Atmen Sie ein und lassen Sie Ihren Atem mit einem lauten Rauschen wieder ausströmen.

Wenn Sie sich wohler fühlen wollen, können Sie das Licht ausschalten oder aufstehen und umhergehen, während Sie mit diesen Atemübungen fortfahren. Wenn diese Schritte nicht helfen, dann sei Ihnen versichert, dass Ihre Angst von allein weiter abnehmen wird. Sie können sie weiter abbauen, indem Sie atmen. Je mehr Sie atmen, desto ruhiger werden Sie.

Gehen Sie es langsam an. Stellen Sie sich vor, welche Farbe dieses Gefühl der Ruhe hat. Ist es blau oder gelb oder weiß? Ist es lebendig, pastellfarben oder kräftig? Spüren Sie, dass Sie sich umso mehr entspannen, je tiefer Sie atmen, und desto schneller wird auch Ihre Angst verschwinden.

Während Sie atmen, spüren Sie, dass sie Ihrem Körper helfen, sich zu entspannen. Mit jedem Atemzug, den Sie tun, spüren Sie, wie Ihr Körper ruhiger wird. Bitte versuchen Sie, sich jetzt auf Ihren Atem zu konzentrieren.

Sie müssen sich keine Gedanken darüber machen, was Sie triggert oder Ihnen Angst macht. Sie müssen sich keine Gedanken darüber machen, was Sie tun werden, um mit der Angst umzugehen. Das Einzige, worauf Sie sich konzentrieren sollten, ist Ihre Atmung. Spüren Sie bei jedem Ein- und Ausatmen die Kleidung auf Ihrer Haut. Wenn Sie sich unwohl fühlen und eine bequemere Position finden müssen, tun Sie dies auf sanfte Art, aber konzentrieren Sie sich dabei weiterhin auf Ihren Atem.

Sie kommen wieder in Ordnung. Ich weiß, dass es sich nicht so anfühlt, aber Sie werden wieder gesund. Jetzt wollen wir die Wärme spüren, die mit der Ruhe verbunden ist. Sie können Ihre Handflächen aneinander reiben, bis Sie spüren, dass sie sich leicht erwärmen. Gehen Sie nicht energisch vor, sondern sanft, langsam und behutsam. Spüren Sie die Wärme?

Jetzt, wo Sie sich auf die Bewegung Ihrer Hände konzentrieren können, wie klingt diese Bewegung? Dieser Klang kann Ihnen helfen, sich von Ihrer Angst zu befreien. Wenn Sie das Gefühl haben, dass Sie sich genug auf Ihre Hände konzentriert haben, können Sie aufhören, sie aneinander zu reiben, Ihre Arme locker lassen und wieder einatmen.

Entspannen Sie sich und vergessen Sie nicht, dass Angst normal ist. Konzentrieren Sie sich auf die Empfindungen in Ihrem Körper. Achten Sie darauf, wie sie sich im Vergleich zum Beginn der Übung verändern. Hören Sie auf das Geräusch, das Ihr Atem macht, während er ein- und ausströmt. Mit jedem weiteren Moment hilft Ihnen der Atem, dieses Angstgefühl zu überwinden.

Angst ist ein natürlicher Prozess. Sie ist nicht immer leicht zu ertragen, aber sie ist natürlich. Helfen Sie Ihrem Körper, zu reagieren, indem Sie weiter atmen. Urteilen Sie nicht über Ihren momentanen Gemütszustand. Das Leben passiert. Aber wenn Sie in der Lage sind, in diesem Moment zu sein, so wie jetzt, mit Ihrem Atem, dann können Sie sich auf das Gute konzentrieren. Sie können sich darauf konzentrieren, einfach zu sein. Sie müssen keine Entscheidung treffen, nichts tun. Seien Sie einfach hier und jetzt, mit Ihrem Atem und Ihrem Körper. Es wird Ihnen wieder gut gehen.

Elisa Peters

Akzeptieren Sie Ihren Körper so, wie er ist. Akzeptieren Sie Ihr Gehirn für das, was es Ihnen gibt. Akzeptieren Sie Ihre Reaktionen so, wie sie sind – sie sind, was sie sind. Im Folgenden werden wir gemeinsam wieder ein paar Affirmationen aussprechen, die Ihnen und Ihrem Körper helfen, sich zu erholen. Sie können entweder zuhören und langsam weiteratmen oder die Affirmationen mit jedem Atemzug nachsprechen.

Atmen Sie ein und atmen Sie aus. Sprechen Sie mir nach. „Ich akzeptiere mich so, wie ich bin, egal, was ich fühle. Die Vergangenheit bestimmt nicht, wer ich bin, und auch nicht die Zukunft." Das Einzige, was zählt, ist das Jetzt, und indem Sie akzeptieren, wer Sie jetzt sind, sind Sie achtsam.

Atmen Sie ein und atmen Sie aus. Sprechen Sie mir nach. „Ich weiß, dass die Angst nicht ewig anhält. Meine Angst wird vergehen." Die Angst fühlt sich an, als würde sie ewig andauern, aber wenn Sie sie im gegenwärtigen Moment annehmen, können Sie Ruhe finden.

Atmen Sie ein und atmen Sie aus. Sprechen Sie mir nach. „Mein Körper ist darauf vorbereitet, mit meinen Ängsten umzugehen. Ich kann ihm durch meinen Atem helfen."

Seien Sie dankbar und wissen Sie, dass Ihr Körper mit jeder Art von Stress umgehen kann, der auf

117

ihn zukommt. Das Wichtigste ist, dass Sie Ihrem
Körper helfen, indem Sie tief durchatmen. Sagen
Sie sich: „Ich weiß, dass ich tief in meinem Inneren
mit jeder Sekunde und Minute, die vergeht, spüre,
wie meine Angst verschwindet. Eine große Ruhe
überkommt mich und ersetzt diese Angst."

Sprechen Sie mir nach. „Ich fühle mich entspannt.
Ich fühle mich wohler." Während Sie weiteratmen,
bemerken Sie, wie der Atem Ihren Körper beeinflusst.

Atmen Sie ein und atmen Sie aus. Sprechen Sie mir
nach. „Ich akzeptiere, wie ich mich im Moment fühle. Ich bin ruhig. Es geht mir gut. Ich bin entspannt.
Ich habe Frieden gefunden." Atmen Sie weiter. Sie
werden spüren, wie die Angst, die Sie gerade erleben,
immer weiter nachlässt. Achten Sie genau darauf, wie
sich Ihr Körper im entspannten Zustand anfühlt.

Gut gemacht. Achten Sie darauf, wie Sie sich fühlen. Fühlen Sie sich weiterhin entspannt. Atmen Sie
weiter ein und wieder aus. Achten Sie darauf, wie
locker sich Ihre Glieder anfühlen. Beachten Sie, mit
welcher Leichtigkeit Ihre Atemzüge kommen und
gehen. Achten Sie darauf, wie leicht es Ihrem Körper fällt, nach dem ersten Atemzug den nächsten zu
nehmen.

Entspannen Sie sich so lange, wie Sie möchten. Sie
können weiterhin in Ihrer bequemen Position blei-

ben und ein- und ausatmen, oder Sie können die Meditation beenden. Was auch immer Sie tun möchten, seien Sie achtsam in Ihrer Entscheidung.

Wenn Sie bis drei zählen, wird diese Meditation dadurch beendet. Sie können diese geführte Meditation bei Bedarf noch einmal abspielen oder allein tief und still weiteratmen. Eins. Zwei. Drei.

Achtsamkeitsmeditation bei Depressionen

In dieser Meditation werden wir uns auf den Umgang mit Depressionen konzentrieren. Eine Depression kann sich manchmal anfühlen wie das Tragen von klatschnassen Kleidern. Man möchte sie trocknen, weil man sie trägt, aber es ist die einzige Kleidung, die man hat. Also müssen Sie sie nass tragen, und das Trocknen kann dabei eine Weile dauern. Wenn Sie einen Trockner hätten, würden Sie die Kleidung dort hineinlegen, aber Sie haben keinen, also müssen Sie die Kleidung an der Luft trocknen lassen. Diese Meditation wird dazu beitragen, dass die Kleidung besser trocknet. Ich möchte Sie dafür loben, dass Sie den ersten Schritt getan haben, indem Sie sich für diese Meditation entschieden haben.

Für diese Meditation sollten Sie es sich zunächst bequem machen. Sie können an einen schönen warmen Ort gehen, wo Sie nicht gestört werden. Wir werden Zeit für Ruhe und Stille brauchen. Wir beginnen damit, tief in den Bauch einzuatmen und diesen Atem durch den Mund wieder ausströmen zu lassen. Während wir atmen, tauschen Sie die Untergangsstimmung, in der Sie sich befinden, gegen positive Energie aus. Sie sind von dieser Energie umgeben. Wo auch immer Sie hingehen, Sie können diese Energie anzapfen und daraus Positivität schöpfen, die Ihnen dabei hilft, Sie für Ihren Alltag zu stärken. Jedes Mal, wenn Sie einatmen, wird diese Energiequelle stärker. Jedes Mal, wenn Sie ausatmen, wird die Negativität, die Angst, die Sorgen und die Depression schwächer. Je mehr Sie atmen, desto stärker wird Ihre Energiequelle sein.

Stellen wir uns nun vor, dass wir uns an einem schönen Haus am See befinden. Er liegt mitten im Wald, rund um das Haus stehen hohe Bäume und es riecht nach Kiefer. Die Bäume reichen bis zum Himmel und spenden wunderbaren Schatten. Sie befinden sich unter diesen Bäumen, und es gibt nur Sie und die Wolke aus Energie um Sie herum. Spüren Sie die schöne, sanfte Brise, die über den See weht. Atmen Sie ein und spüren Sie, wie sich der Energiepegel hebt. Fühlen Sie sich ruhig, fühlen Sie sich zufrieden.

Jetzt wollen Sie gern ins Wasser gehen. Tun Sie dies. Sie treiben in der Mitte des Sees auf einem Floß. Lassen Sie sich mit dem Rücken auf dem Floß liegend treiben und tauchen Sie Ihre Finger ins Wasser, sodass sich auf der Wasseroberfläche Ringe bilden. Während Sie auf dem Rücken liegend treiben, spüren Sie, dass der warme Sonnenschein Ihnen Energie gibt. Sie haben keinen Platz mehr für die Depression. Sie wird immer kleiner. Je mehr Sie lachen und kichern und sich im Wasser vergnügen, desto mehr verschwindet sie.

Während Sie an Ihren Lieblingsplatz mitten im See sind, denken Sie darüber nach, welche Geräusche Sie abgesehen von dem des Wassers noch gern mögen. Wie wäre es mit dem Lachen Ihres Babys? Das Kichern eines Ihrer Geschwister oder Verwandten? Das schöne Geräusch von Regen, der auf die Kiefernnadeln tropft. Je mehr Sie beim Einatmen an schöne Bilder denken, desto mehr wird die Wolke aus Energie um Sie herum angetrieben, Ihre Depression wird schwächer und die Kleidung trocknet. Atmen Sie ein und atmen Sie aus. Spüren Sie mit jedem Atemzug, wie viel trockener sich Ihre Kleidung anfühlt.

Genießen Sie jetzt einfach, in diesem Moment zu sein. Spüren Sie, wie sich Ihr Körper zu entspannen beginnt. Sie fühlen sich so gut, warm und entspannt. Sie könnten einfach auf dem Wasser einschlafen, aber das werden Sie nicht tun. Sie werden sich jetzt stattdessen auf Ihr Floß stellen. Spüren Sie, wie die Sonne auf Ihrem Körper brennt, aber fühlen Sie auch, wie sehr diese Wärme Sie stärkt.

Während Sie sich nun mithilfe Ihres kritischen Geists zurück in Ihren Körper bringen, atmen Sie dieses Gefühl der friedlichen Ruhe und Gelassenheit ein. Tragen Sie dieses Gefühl mit sich durch den Tag. Und dann atmen Sie aus und lassen alle negativen Gedanken und Gefühle los, die Sie vielleicht hegen.

Wann immer Sie das Gefühl haben, dass Ihr Körper gerade in durchnässten Klamotten steckt, denken Sie an diese wunderbare Energiequelle oder an Ihren schönen Tag am Strand und Ihre wundervolle Energiewolke, die Sie gleich wieder trocknen kann. Sie sind in der Lage, mittels Ihres Atems die Ruhe zu spüren.

Stellen Sie sich bei jedem Atemzug den weißen, warmen Energieball vor, der Sie umgibt und Ihre Tränen durch Lachen ersetzt. Stellen Sie sich vor, dass diese warme Energiewolke jeden negativen Gedanken, den Sie haben, durch einen positiven ersetzt. Stellen Sie sich vor, dass dieser warme Energieball Sie mit Ruhe, Kraft und Positivität wappnet, um jedem depressiven Anfall, der Sie überkommen könnte, entgegenzutreten.

Stellen Sie sich die Zukunft vor, in der Depressionen für Sie kein Thema mehr sind. Wie sieht der Tag aus, an dem Sie sich von der Depression verabschieden? Welche Kleidung werden Sie tragen? Welche Art von Parfüm oder Duftwasser werden Sie tragen? Was werden Sie zur Feier des Tages essen? Werden Sie mit Freunden oder allein feiern?

Atmen Sie ein und atmen Sie dann wieder aus. Richten Sie Ihr Bewusstsein genau auf diesen Moment.

Elisa Peters

Genießen Sie die stille, ruhige Freude, die Ihnen Ihr Atem bringt.

Wie wird Ihre Frisur an dem Tag aussehen, an dem Sie die Depression besiegen? Werden Sie sich all Ihre Lieblingsdinge gönnen, wie eine Massage, einen Einkaufsbummel oder Maniküre und Pediküre? Führen Sie sich diese Visualisierung vor Augen. Seien Sie sich bewusst, dass Sie in der Lage sind, Ihren Atem zu nutzen, um Ihre Depression zu kontrollieren.

Atmen Sie tief ein und zählen Sie diesmal bis fünf: eins, zwei, drei, vier, fünf. Atmen Sie aus und lassen Sie den Atem tief ausströmen: eins, zwei, drei, vier, fünf.

Wenn Sie bis drei gezählt haben, ist die Meditation beendet. Wenn Sie weiter meditieren möchten, können Sie das gerne tun. Sie haben es nicht eilig. Bei der Achtsamkeit geht es darum, sich Zeit zu nehmen, um präsent zu sein und auf Ihre eigene Art den Moment wahrzunehmen. Sie können in Ihrem eigenen Tempo vorgehen. Wenn Sie bereit sind, öffnen Sie sanft Ihre Augen. Eins. Zwei. Drei.

Achtsamkeitsmeditation bei Schlaflosigkeit

Bevor Sie beginnen, legen Sie sich in einer bequemen Position auf eine weiche Unterlage wie Ihr Bett, eine Decke oder eine Couch. Lassen Sie im Hintergrund entspannende Musik laufen. Sobald Sie es sich bequem gemacht haben und Ihnen warm ist, beginnen Sie, sich auf Ihren Atem zu konzentrieren.

Atmen Sie tief in Ihren Bauch ein. Lassen Sie dann die gesamte Luft wieder durch Ihren Mund entweichen. Es soll kein einziges Gramm Luft in Ihrem Körper bleiben. Dann atmen Sie wieder ein. Wiederholen Sie diesen Schritt, indem Sie Ihren Körper langsam mit so viel Luft füllen, wie Sie können. Halten Sie den Atem drei Sekunden lang an und atmen Sie ihn dann ebenfalls auf drei Sekunden wieder aus. Führen Sie diesen Atemzyklus noch vier weitere Male durch.

Atmen Sie ein. Atmen Sie aus. Fühlen Sie sich, als hätten Ihre Gliedmaßen gerade ein sehr intensives Training absolviert, das Sie ermüdet hat. Ihre Beine und Arme sind angespannt und schwer. Ihr Körper schmerzt von einem so intensiven Training und Sie sind müde. Das Einzige, was Sie wollen, ist, sich in Ihr Bett zu legen und einzuschlafen. Sie möchten die verjüngende Kraft des Schlafes spüren, damit sich Ihre schmerzenden Knochen besser fühlen.

Atmen Sie ein und atmen Sie dann aus. Stellen Sie sich vor, dass Sie gerade eine volle Tasse Wärme getrunken haben. Spüren Sie, wie warm Ihr Magen von der warmen Flüssigkeit wird, wie sie in Ihren Bauch schwappt, Sie beruhigt und Sie an den Rand des Schlafes bringt. Die süße Wärme gibt Ihnen das Gefühl, ein Mensch zu sein und verbindet Sie mit diesem Moment, genau wie Ihr Atem.

Atmen Sie tief ein. Dann atmen Sie ebenso tief aus. Spüren Sie, dass Sie sich auf einer langen Autofahrt befinden, die über eine lange, kurvenreiche Straße mitten im Nirgendwo führt. Die Straße ist lang und kurvenreich, aber die Landschaft ist wunderschön, und Sie sitzen auf dem Beifahrersitz und genießen die lange Fahrt. Die Füße haben Sie auf das Armaturenbrett gelegt und das Fenster ist leicht geöffnet. Sie fühlen die Brise in Ihrem Gesicht und Sie sind vollkommen entspannt.

Atmen Sie in Ihren Bauch ein. Atmen Sie dann ebenso tief aus Ihrem Bauch aus. Spüren Sie, wie Ihr Atem Ihren Körper dazu bringt, sich schwer und ruhig zu fühlen. Spüren Sie, dass Ihr Körper die Wachsamkeit verliert, die ihm normalerweise den ganzen Tag über innewohnt, und spüren Sie die Ruhe, die Ihren Körper überkommt.

Wenn Sie irgendwelche Gedanken hegen, die Ihren Fokus auf die Atmung unterbrechen, schieben Sie sie sanft beiseite. Jetzt wollen wir Ihren Körper entspannen, sodass er sich angenehm warm anfühlt und auf den Schlaf vorbereitet wird. Stellen Sie sich vor, Sie haben gerade eine komplette Mahlzeit gegessen und Ihr Magen ist voll und prall. Sie fühlen sich müde und schwer von einer Mahlzeit, bei der Sie alle Ihre Lieblingsspeisen gegessen haben.

Versuchen Sie beim Atmen, jede Spannung in Ihrem Körper zu spüren, damit Ihr Atem Ihnen helfen kann, diese Spannung zu lösen. Beginnen wir mit dem Kopf. Schließen Sie die Augen so fest wie möglich und öffnen Sie sie dann, so weit, dass Sie sich entspannt anfühlen.

Rollen Sie als Nächstes Ihren Kopf von einer Seite zur anderen. Ziehen Sie Ihr Kinn zur Brust ran und lassen Sie Ihren Kopf dann wieder entspannt auf den Boden sinken. Spüren Sie dabei, wie die Spannung aus Ihrem Körper verschwindet und sich stattdessen ein angenehmes, entspanntes Gefühl breitmacht. Gehen Sie mit Ihrer Aufmerksamkeit zu Ihrer Brust über und atmen Sie so tief wie möglich ein und aus. Konzentrieren Sie sich dann auf Ihre Oberschenkel und Beine. Sie spüren, wie Sie ein schönes warmes Gefühl überkommt.

Als Nächstes werden Sie das Gefühl haben, dass all Ihre Ängste einfach verschwunden sind. Sie schweben auf Wolken. Die Wolken umhüllen Sie wie eine Decke oder ein Zaubergeist. Fliegen Sie einfach weiter und gelangen Sie langsam ins Schlummerland.

Als Nächstes fühlen Sie sich so, als wären Sie an Ihrem Lieblingsangelplatz oder Ihrem Lieblingsort in den Bergen. An der Oberfläche des Sees beißen die Fische an und erzeugen dabei schöne Ringe auf dem Wasser, die sich immer weiter ausbreiten. Wenn Sie in den Bergen sind, spüren Sie die Wärme Ihres Körpers, während Sie sich tief einkuscheln. Wenn Sie an Ihrem Platz sind, müssen Sie sich nicht darüber Ge-

danken machen, irgendwo anders hinzugehen, denn
Sie sind genau dort, wo Sie sein müssen.

Atmen Sie ein und atmen Sie aus. Woran auch immer
Sie denken, lassen Sie zu, dass sich Ihre Gedanken
auflösen, und konzentrieren Sie sich nur auf Ihren
Atem. Es gibt keine festgelegte Zeit, zu der Sie irgendwo sein müssen. Es gibt keinen Druck, irgendwo anzukommen.

Fühlen Sie sich einfach sicher und spüren Sie die Wärme der Wolken. Sie spüren deutlich, dass Sie sich um
nichts Sorgen machen. Fühlen Sie, wie Sie von Wolke
zu Wolke hüpfen. Sie schweben einfach inmitten des
luftigen, hellblauen Himmels. All das Kitzeln der Wolken macht Sie müde.

Atmen Sie noch einmal tief ein und spüren Sie dann,
wie sich Ihr ganzer Körper entspannt. Spüren Sie,
wie sich Ihre Arme und Beine lockern. Spüren Sie,
wie sich Ihr Bauch und Ihr Rücken mit jedem weichen Atemzug auf und ab bewegen. Spüren Sie, wie
Sie mit jedem Atemzug mehr und mehr in einen tiefen, friedlichen Schlaf gedrängt werden.

Halten Sie die Augen geschlossen und fühlen Sie
sich wie ein Bär mitten im Winterschlaf. Nichts wird
Sie aufwecken können. Sie werden tief und friedlich
ruhen. Folgen Sie einfach Ihrem Atem, bis Sie einschlafen.

Dann lassen Sie sich von der Musik in das Land des Schlummers führen.

Achtsamkeitsmeditation für Trauer und Verlust

Diese Achtsamkeitsmeditation soll Ihnen helfen, mit dem Schmerz und dem Leid umzugehen, den Trauer und Verlust auslösen können. Achten Sie darauf, dass Sie sich an einem bequemen Ort befinden, bevor wir beginnen. Sie können dabei in einer würdevollen Position auf einem Stuhl sitzen oder sich auch hinlegen.

Halten Sie einen Stift und Papier bereit, falls Sie später etwas aufschreiben müssen. Bringen Sie Ihren Kopf in eine bequeme Position, und achten Sie darauf, dass Ihr Körper entspannt ist. Heben Sie Ihre Schultern an und halten Sie sie fünf Sekunden lang angehoben. Lassen Sie dann die Schultern wieder los und die ganze Spannung aus Ihrem Körper heraus. Sie können auch leise, beruhigende Musik im Hintergrund laufen lassen, wenn Sie möchten. Atmen Sie auf drei Zählzeiten tief in Ihren Bauch ein und durch die Nase aus.

Atmen Sie ein. Atmen Sie aus. Bringen Sie Ihre Gedanken zur Ruhe. Sie befinden sich in einer urteilsfreien Zone.

Atmen Sie ein auf drei: eins, zwei, drei. Und atmen Sie aus, ebenfalls auf drei: eins, zwei, drei.

Atmen Sie noch einmal ein. Atmen Sie noch einmal aus.

Wenn die schmerzhaften Gedanken zurückkommen, sobald Sie sich wohlfühlen, ist das in Ordnung. Versuchen Sie nicht, den Schmerz zu beheben. Versuchen Sie nicht, mit dem Schmerz fertig zu werden. Fühlen Sie ihn einfach.

Atmen Sie tief ein. Wenn Sie weinen wollen, weinen Sie ruhig. Wenn es sich so anfühlt, als würden Sie niemals über diesen Schmerz hinwegkommen, atmen Sie tief ein und nehmen Sie dieses Erfülltsein von Schmerz an. Sie werden darüber hinwegkommen.

Atmen Sie nun ein und lassen Sie die Luft wieder vollständig aus sich entweichen. Atmen Sie wieder tief ein. Betrachten Sie Ihre Gedanken auf neutrale Weise. Stellen Sie sich nun vor, dass Sie sich selbst von außen beobachten. Wenn Sie sich selbst beschreiben könnten, wie würde diese Beschreibung aussehen? Welche guten Seiten sehen Sie an sich selbst? Wo sehen Sie noch schlummerndes Potenzial? Was können Sie aus dieser Situation lernen?

Wo spüren Sie den größten Schmerz? Ist es in der Mitte Ihrer Brust oder in der Magengrube? Wo auch immer er verortet ist, konzentrieren Sie sich auf Ihren Schmerz. Jetzt, wo Sie den Schmerz lokalisiert haben, atmen Sie tief ein und spüren Sie, dass der Sauerstoff den Schmerz heilt.

Als Nächstes stellen Sie sich vor, wie sich Ihr geliebter Mensch fühlen würde. Glauben Sie, er oder sie würde wollen, dass Sie sich so fühlen? Wenn Sie die Stimme dieses geliebten Menschen noch einmal hören könnten, was würde er wohl zu Ihnen sagen? Hören Sie einfach auf diese Stimme und schreiben Sie die Worte für später auf. Wenn Sie nichts hören, außer der Stille und Ihren Atem, ist das auch in Ordnung.

Während Sie einatmen, nehmen Sie die Liebe auf, die Sie für diese Person fühlen, und atmen Sie dann alle Anspannung aus. Fühlen Sie sich in diesem Moment geerdet und wissen Sie, dass es besser werden wird. Die Trauer dauert nicht ewig an. Je mehr Sie einatmen, desto mehr wachsen Sie. Je mehr Sie einatmen, desto weniger Trauer haben Sie. Reiten Sie auf der Welle des Atems und finden Sie Ruhe.

Ihr geliebter Mensch beschützt Sie. Das sollten Sie wissen. Senden Sie ihm Liebe und wissen Sie, dass diese Liebe erwidert wird. In Ihrem Geiste sind Sie vereint. Er führt Sie und sendet Ihnen Strahlen von Wärme, Liebe und positiven Energie, damit Sie wissen, dass Sie nicht allein sind.

Spüren Sie, wie Entspannung über Sie kommt. Laufen Sie nicht vor dem Gefühl weg. Konzentrieren Sie sich jetzt auf die guten Zeiten, statt auf die Traurigkeit. Den Spaß, das Lachen, die Wirklichkeit. Tun Sie weitere tiefe Atemzüge und bringen Sie Energie in Ihren Körper. Sie sind niemals allein. Tanken Sie Ihr gebrochenes Herz mit Ihrem Atem und mit positiven Affirmationen wieder auf.

Atmen Sie ein und atmen Sie dann aus. Sprechen Sie mir nach: „Ich werde geliebt." Sie werden von sich selbst geliebt, und Sie werden von dem geliebten Menschen geliebt. Der Schmerz, den Sie empfinden, zeigt, dass jemand Sie geliebt hat und Sie auch jemanden geliebt haben.

Atmen Sie ein und wieder aus. Sprechen Sie mir nach: „Ich habe wertvolle Zeit mit meinem geliebten Menschen verbracht, und ich weiß, dass ich das durchstehen werde." Das alte Klischee ist wahr: „Die Zeit heilt alle Wunden."

Atmen Sie ein und wieder aus. Sprechen Sie mir nach: „Ich weiß, dass Trauer und Schmerz nicht ewig andauern werden." Genau wie Gefühle der Angst und auch genau wie der Schmerz, wenn man sich den großen Zeh an der Bettkante stößt, ist dieser Schmerz vorübergehend, und eines Tages werden Sie ihn gar nicht mehr spüren.

Atmen Sie ein und wieder aus. Sprechen Sie mir nach: „Ich weiß, dass die Lektionen und die Zeit, die ich mit dem geliebten Menschen verbracht habe, mir helfen werden, es zu schaffen." Denken Sie an die Worte, die Sie von Ihrem geliebten Menschen erfahren haben. Lassen Sie zu, dass diese Worte Sie trösten wie Ihre Lieblingsdecke.

Atmen Sie ein und atmen Sie dann aus. Sprechen Sie mir nach: „Ich bin weiser und stärker und ich bin bereit für alles, was vor mir liegt." Sie sind stark, mutig, freundlich und robust. Sie werden das durchstehen.

Atmen Sie ein und atmen Sie dann aus. Halten Sie Ihren Atem an. Atmen Sie dann wieder ein und atmen Sie noch einmal aus.

Bei drei öffnen Sie sanft die Augen und erwachen. Bewahren Sie sich dieses Gefühl von Liebe, Gelassenheit und Glück für den Rest des Tages.

Abschließend lässt sich zusammenfassen, dass dieses Kapitel weiter auf dem vorherigen Kapitel aufbaut, indem es Ihnen geführte Meditationsskripte an die Hand gibt, die auf bestimmte Probleme abzielen, die Sie vielleicht gerade erleben, wie Stress, Depression, Trauer oder Schlaflosigkeit. Jedes Meditationsskript verwendet eine Kombination aus Atem-, Entspannungs- und Visualisierungstechniken, mit denen Sie durch die Sitzung geführt werden. Zögern Sie nicht, sie so zu verwenden, wie sie sind, oder sie so zu verändern, wie Sie es für richtig halten. Sie können diese Meditationen auch als Grundlage für Ihre eigenen Meditationen verwenden. Denken Sie daran, dass Sie jedes Mal, wenn Sie meditieren, besser werden, also üben Sie bitte weiter.

Fazit

„Sei, wo du bist, sonst verpasst du dein
Leben."
– Buddha

Wenn Sie nur eine Sache aus diesem Buch mitnehmen, dann bitte diese: dass Achtsamkeit Ihr Leben verändern kann. Sie kann den Unterschied zwischen einem gewöhnlichen Leben und einem Leben, das wertgeschätzt wird und voller Dankbarkeit ist bedeuten. Wenn Sie auf dem Weg zu mehr Achtsamkeit im Alltag sind, wissen Sie, dass Sie sich auf einer Reise befinden, die wunderbare Überraschungen für Sie bereithalten wird.

Der nächste Schritt besteht darin, Ihren speziellen Ort zu finden, damit Sie Ihre achtsame Meditationspraxis beginnen können. Sie können sogar bereits Ihre Liste von Affirmationen erstellen, die Sie während Ihrer Sitzungen verwenden wollen. Sie können Ihre speziellen Sätze in dem Buch, in dem Sie sie notiert haben, jederzeit wieder nachschlagen. Zögern Sie nicht, einer Selbsthilfegruppe beizutreten, die Ihnen helfen kann, alle Fragen zu beantworten, die auf Ihrem Weg auftauchen könnten. Auch online gibt es großartige

Ressourcen. Sie können ebenfalls nach ortsansässigen Meditationsgruppen suchen, zum Beispiel über Dienste wie Meetup. Versuchen Sie außerdem, sich gesund zu ernähren und ausreichend zu schlafen. Je besser Sie sich um Ihren Körper kümmern, desto besser wird Ihre Meditationssitzung sein. Eine gute Gesundheit allgemein hilft Ihnen auch, in Ihrem täglichen Leben achtsamer zu sein.

Denken Sie daran, dass Sie nicht alles gleich richtig machen müssen, wenn Sie meditieren. Je mehr Fortschritte Sie in Ihrer Praxis machen, desto mehr werden Sie sich verbessern. Freuen Sie sich auf die Reise. Und zu guter Letzt: Hören Sie nicht auf zu lernen. Dieses Buch über Achtsamkeit und Meditation ist eine gute Grundlage, aber bauen Sie weiter darauf auf. Lernen Sie mehr darüber, wie sich die Vorteile der Achtsamkeitsmeditation auf Sie auswirken. Sie können Ihre Meditation auch weiter ausbauen, indem Sie geführte Meditationen verwenden, bis Sie an dem Punkt angekommen sind, an dem Sie die Meditationen ohne Hilfe von außen durchführen können. Diese Reise dauert ein Leben lang an, und je besser Sie vorbereitet sind, desto eher werden Sie in der Lage sein, Ihre Achtsamkeitsmeditationspraxis aufrechtzuerhalten und weiter zu verbessern.

Weiterführende Literatur

Anderssen-Reuster, U. (2013). *Achtsamkeit: Das Praxisbuch für mehr Gelassenheit und Mitgefühl* (1. Aufl.). TRIAS.

Conrad, T. & Timmel, C. (2012). *Ängsten gelassen begegnen: Achtsamkeitsmeditationen für Kraft, Mut und Zuversicht* (1., Aufl.). Carl-Auer Verlag GmbH.

Eßwein, J. (2015). *Achtsamkeitstraining (mit CD) (GU Multimedia Körper, Geist & Seele)* (5. Aufl.). GRÄFE UND UNZER Verlag GmbH.

Leder, F. B. (2012). *Achtsamkeitsmeditation und Wege zur Einsicht: 40 Vipassana-Tage in der Wüste (Bibliothek der Achtsamkeit)*. Natura Viva.

M., Scholz, I. & Verlag, M. (2020). *Achtsamkeit. In 4 einfachen Lektionen zur Achtsamkeit: Nur wenige Minuten täglicher Achtsamkeitsmeditation können Ihr Leben nachhaltig zum Positiven verändern.* minddrops Verlag.

Stock, C. (2012). *Achtsamkeitsmeditation: Übungen für mehr Gelassenheit im Leben* (1. Aufl.). TRIAS.

Stock, C. & Reese, N. (2021). *Mein Achtsamkeitstag: Inspirationen für Ihre individuelle Auszeit: Meditation, Yoga, Ernährung, Entspannung* (1. Aufl.). TRIAS.

Williams, M., Penman, D. & Rahn-Huber, U. (2015). *Das Achtsamkeitstraining: 20 Minuten täglich, die Ihr Leben verändern.* Goldmann Verlag.

Wurm, K. & Wachsen, R. G. (2020). *Achtsamkeitsmeditation - Bodyscan - Stress und Stresserkrankungen erfolgreich mit Meditation begegnen: Geführte Meditationen mit Dr. Med. Karsten Wurm.* Rundum ganzheitlich wachsen.